ENCONTRE O EMPREGO DOS SEUS SONHOS

Sarah Wade e Carole Ann Rice

ENCONTRE O EMPREGO DOS SEUS SONHOS

Tradução
Julio de Andrade Filho

PRUMO
informação

Título original: *Find your dream job*
Copyright © 2009 by Sarah Wade & Carole Ann Rice
Copyright licenciada por Marshall Cavendish Ltda
Imagem de capa: ©Mango Productions/Corbis

Originalmente publicada pela Grand Central Publishing, New York, USA.
Todos os direitos reservados. Nenhuma parte desta obra pode ser reproduzida ou transmitida por qualquer forma ou meio eletrônico ou mecânico, inclusive fotocópia, gravação ou sistema de armazenagem e recuperação de informação, sem a permissão escrita do editor.

Direção editorial
Soraia Luana Reis

Editora
Luciana Paixão

Editora assistente
Valéria Braga Sanalios

Assistência editorial
Elisa Martins

Consultoria Técnica
Clene Salles

Preparação de texto
Nanci Ricci

Revisão
Mariana Fusco Varella

Capa, criação e produção gráfica
Thiago Sousa

Assistência de criação
Marcos Gubiotti
Juliana Ida

CIP-Brasil. Catalogação-na-fonte
Sindicato Nacional dos Editores de Livros, RJ

W122e   Wade, Sarah
           Encontre o emprego dos seus sonhos / Sarah Wade, Carole Ann Rice; tradução Julio de Andrade Filho. - São Paulo: Prumo, 2009.

           Tradução de: Find your dream job
           ISBN 978-85-7927-002-4

           1. Profissões - Mudança. 2. Satisfação no trabalho. 3. Profissões - Desenvolvimento. I. Rice, Carole Ann. II. Andrade Filho, Julio. III. Título.

09-1154.
CDD: 650.14
CDU: 331.548

Direitos de edição para o Brasil: Editora Prumo Ltda.
Rua Júlio Diniz, 56 - 5º andar – São Paulo/SP – CEP: 04547-090
Tel: (11) 3729-0244 - Fax: (11) 3045-4100
E-mail: contato@editoraprumo.com.br / www.editoraprumo.com.br

Para a mamãe.

— *Sarah*

Em gratidão a meu marido Patrick e a minhas lindas crianças Phoebe e Raphael, por me abençoarem com o trabalho dos meus sonhos.

— *Carole Ann*

Sumário

Prefácio 9

1. A rotina 13

2. A mudança mental para seu novo eu 25

3. Identifique e supere os obstáculos 41

4. O que é que você quer? Quais são seus valores? 73

5. Ação é tudo 105

6. Reflexão 131

7. Reestruturação 151

8. Imersão 175

9. Faça uma transição bem-sucedida 199

10. A descoberta do emprego dos sonhos 227

Notas 251

Leituras complementares 253

Agradecimentos 255

PREFÁCIO

Eu adoro histórias. Uma história bem contada é extremamente gratificante. E uma história verdadeira, especialmente com um final feliz contrariando todas as probabilidades, pode ser arrebatadora.
Recentemente, fui em busca de pessoas com grandes histórias para contar sobre mudança de carreira. Pessoas que tomaram a decisão de melhorar a vida delas, para que realmente pudessem utilizar todo o potencial que possuem, para encontrar algo pelo qual se sintam apaixonadas de verdade, e foram atrás disso.
Eu queria transmitir essas histórias. Falei sobre essa intenção a uma amiga, que é também uma *career coach**, e ela me disse: "Sarah, você tem razão. Essas histórias são ótimas. Por que você não as escreve e publica num livro?". Revirei os olhos e dei uma gargalhada. O que eu estava realmente pensando era: "Eu? Jamais conseguiria escrever um livro!". Mas, depois, pensei nas pessoas que tiveram coragem e tomaram uma importante decisão para mudar a vida delas. Por que não posso fazer algo semelhante e escrever um livro sobre essas pessoas inspiradoras, destinado a todos os que ainda não deram esse passo?
Visitei livrarias e vasculhei as prateleiras, soltando gemidos a cada novo livro. Eu estava assustada. Mas então comecei a pensar que, se eles podem fazê-lo, eu também posso.
Afinal, eu sabia que o assunto tocava um ponto sensível. Todo mundo conhece alguém que adora ou detesta seu emprego.

---

* *Coach* – espécie de personal trainer para o desenvolvimento de carreira, um treinador de motivação e desenvolvimento pessoal. (N.T.)

Então, procurei algumas dessas pessoas, e logo encontrei outras mais, e pedi que descrevessem o caminho que haviam tomado. Pedi que falassem da pesquisa que tiveram de fazer, da luta que tiveram de enfrentar, para enfim chegar à conquista. Elas pareciam muito felizes em falar, e cheguei a um ponto em que não suportava esperar para conversar com a pessoa seguinte. Como qualquer paixão, tornou-se um vício. Cada história que ouvi (mesmo aquelas que não couberam aqui) inspirou-me e, por essa razão, gerou este livro. Espero que elas também inspirem você.

Sarah Wade

Todos, em algum momento, tiveram um emprego que foi um pesadelo. Um chefe psicopata, as fofocas desagradáveis, as horas intermináveis de tédio drenando sua energia vital.

Eu mesma passei por alguns desses empregos na vida, e já fiz coisas como trabalhar apenas por comissão como vendedora de porta-a-porta até passar um tempo num ambiente tão machista que fazia o vestiário de um time de futebol (depois da vitória) parecer um salão de beleza.

Então, preparei-me novamente para uma nova ocupação e encontrei minha profissão. Agora, como *coach*, estou profundamente sintonizada com a dor e o desespero que existem por trás das declarações de meus clientes, do tipo: "Eu simplesmente não sei o que quero fazer".

Consigo perceber através da voz e dos ombros caídos deles que a ocupação vampiresca em que se encontram lhes sugou a força vital e a alma.

Estar em um trabalho de que não se gosta acaba minando a sua confiança e sua autoestima.

Mas não tem de ser assim. Culturalmente, somos treinados a pensar que o trabalho é algo que devemos suportar, e não usufruir. Reclamamos da falta de energia pessoal, do trânsito que enfrentamos diariamente indo de casa para o trabalho e vice-versa, das pessoas do escritório e do trabalho em si.

Já que vivemos em uma época em que as empresas concorrem entre si para que você poupe alguns segundos para conectar-se à internet e que as lanchonetes *fast-food* lhe entregam uma refeição em menos de um minuto, então por que iríamos desperdiçar anos de nossa vida em um emprego de que não gostamos?

Geralmente tudo se resume a uma pequena palavra – medo.

É por isso que, ao longo deste livro, forneço ferramentas reais de *coaching* para esses momentos de vacilo. Quero que você se mantenha em movimento e ofereço-lhe apoio e torço por você, como se estivesse na torcida de um campo de futebol, do mesmo modo que faço com meus clientes. Às vezes, a viagem não é tão dolorosa ou tão difícil como você pode imaginar. Às vezes é muito mais fácil.

Mas de uma coisa certamente eu sei – é uma viagem que vale muito a pena fazer.

Carole Anne Rice

CAPÍTULO 1
A ROTINA

*Para mim, a coisa mais importante na vida é o amor...
Se você não ama seu trabalho, é melhor mudar de emprego!*

José Mourinho[1]

Em sua festa de despedida, sob uma árvore no Regent's Park ao entardecer de uma gloriosa sexta-feira, Sheila, a assistente da gerência, levantou um copo e disse adeus aos seus colegas. Ela concluiu a noite com as seguintes palavras:

Antes de me despedir, queria apenas fazer alguns lembretes. Os copos de vinho estão atrás da porta de Mike. O material de escritório está naquele enorme contêiner no meio da sala, junto com o material de papelaria. O *toner* – que vem com instruções simples de substituição – está no armário marcado "Toner". E a máquina de chá e café está bem na frente de vocês. Todo mundo tem sido brilhante. Mas vamos falar sem rodeios... tem sido uma m****!

E essa palavra final resumiu maravilhosamente os pontos baixos e o tédio completo que Sheila viveu em seu emprego durante os últimos quatro anos e meio. E era exatamente por isso que ela estava indo para outro tipo de trabalho em uma empresa diferente.

Para combater o tédio em seu trabalho diário, Sheila realizava anualmente sua própria feira de arte e tinha outro emprego, durante os finais de semana, em uma organização que promovia a leitura em todo o Reino Unido. Ela tinha de trabalhar com algo em sua vida que unisse sua paixão pela literatura e pelas artes. Um dia, tendo sido recomendada para um trabalho como produtora de eventos artísticos, ela foi fazer a entrevista e conseguiu o emprego. É exatamente disto que este livro trata – mudar, a fim de chegar aonde quer e estar onde precisa.

OPERAÇÃO TIRE-ME DAQUI

Você consegue imaginar como seria se fizesse aquilo de que gosta de verdade? Comprometido, motivado e tão animado com as perspectivas da semana seguinte que nem consegue dormir – por causa da emoção, não por causa de receios e temores? Pois esse é o sentimento descrito repetidamente pelos nossos entrevistados. Uma pessoa comentou que, hoje em dia, apesar do cansaço, ela está pronta para começar o trabalho aos primeiros raios do sol.

Este livro é baseado em entrevistas que eu, Sarah, fiz ao redor do mundo com um grupo de pessoas que amam o que fazem. Não há nada mais contagiante do que ouvir pessoas que adoram seu trabalho falar dele.

Mas isso não é suficiente, certo? O que todo mundo quer saber é como elas chegaram lá. Como foi que *ela* descobriu o que realmente queria fazer na vida? Como, depois de passar vinte anos no mesmo escritório, *ele* saiu de um emprego que odiava para o trabalho dos sonhos e que transformou a sua vida?

Se você é alguém que se sente preso numa rotina, é muito provável que seus amigos, parceiros e colegas estejam tão cansados do trabalho quanto você. Portanto, este livro pressupõe que você é alguém que não só se sente preso, mas que também está precisando de ideias e sugestões práticas para fazer uma mudança bem-sucedida *imediatamente*.

Minha pesquisa mostra que a maioria das pessoas considera que os principais obstáculos para realizar uma mudança estão em não saber de verdade o que elas querem fazer e, mesmo que saibam, em não saber como transformar isso em realidade. Os entrevistados neste livro provam que é possível superar os obstáculos das mudanças. Eles superaram a estagnação e encontraram a coragem para sair de um trabalho enfadonho e procurar algo melhor. Eles sabiam que devia existir algo melhor. Este livro analisa o processo a que foram submetidos e os detalhes, tanto dos sucessos quanto, em alguns casos, das longas e intermináveis lutas.

Todos fizeram escolhas, grandes ou pequenas, que lhes mudaram a vida. Todos os que desejam mudar terão de fazer determinados tipos de escolhas.

COMO USAR ESTE LIVRO

Para quem procura melhorar a vida profissional, é importante ser capaz de enxergar a mudança imediatamente. Assim, cada capítulo contém uma seção chamada "Aconselhamento de carreira", preparada pela coautora do livro Carole Ann Rice, uma das mais importantes *coaches* do Reino Unido. Essa seção foi concebida como um caderno de exercícios e, com base nela, você pode planejar e elaborar metas e estratégias para ajudá-lo a dar passos maiores.

Coaching é um processo transformador, orientado por metas e baseado em ações efetivas que afastam o indivíduo de seus maus hábitos e de comportamentos e crenças impregnados de negatividade, sejam eles adiamentos irracionais, ou simples medos que impedem a pessoa de avançar na vida. O *coaching* pode ajudar – de modo eficaz – a desvendar os obstáculos autoimpostos que se avolumam no caminho do sucesso.

Carole Ann recomenda que você mantenha um acompanhamento periódico durante todo o processo, monitorando seus pensamentos, medos, avanços e perspectivas. Quando se ganha consciência dessas coisas, uma nova perspectiva se desenvolve, a energia é liberada e tudo fica mais claro.

"*Coaching* é uma viagem que não vai acontecer da noite para o dia", diz Carole Ann. "Mas, com honestidade, questionando e encontrando formas de explorar uma busca por um novo trabalho e desfrutando essa busca, um novo caminho começa a se abrir. Peço a todos que embarquem nesse processo com coragem, esperança e curiosidade, e que aceitem o desespero e a frustração como subprodutos ocasionais, e naturais, de uma nova aventura. Vejo pessoas passando por essa transição todos os dias, e o abatimento é uma parte muito natural da experiência, assim como a agitação que surge quando ela se vê próxima de atingir a meta. Se você entende que os momentos frustrantes são parte do processo (e que também se pode aprender muito com eles), tais momentos não o levarão a jogar a toalha no primeiro contratempo. Você vai ler nestas histórias quantas pessoas se beneficiaram por não terem permitido que suas buscas as levassem para onde pensavam que iriam, e como as decepções e as rejeições pelas quais passaram se mostraram ser, depois de um tempo, bênçãos dos céus. E quando você finalmente '*chegar à conclusão*' de que não tem nada a temer, a não ser o próprio medo, as oportunidades e possibilidades irão se apresentar de formas extraordinárias."

FATOS BRUTAIS

"Você precisa querer de verdade", disse-me um dos entrevistados. "Só existe uma chance. Não dá para ficar a toda hora se reinventando, saindo do fundo do poço e abrindo o caminho para cima."

Mas incluí aqui algumas histórias de pessoas que não sabiam o que "queriam fazer de verdade" para ganhar a vida. Elas largaram o trabalho para tentar descobrir, e algumas delas passaram por uma porção de empregos até acertar o que lhes pareceu ser o ideal. Mas embora nem sempre soubessem como seria exatamente seu futuro papel, a maioria conhecia suas forças, seus talentos e a área pela qual mais se interessava. Isso é algo que você vai precisar saber, ou pelo menos conhecer – mesmo que nunca tenha pensado a respeito antes. Suas anotações na seção de "Aconselhamento de carreira" vão ajudá-lo nisso.

SE VOCÊ NÃO GOSTA DO QUE FAZ, NÃO ESTÁ SOZINHO

Mais ou menos uma em cada três pessoas afirma estar insatisfeita com seu trabalho atual. Ainda assim, os trabalhadores britânicos gastam em média meia hora por dia conversando com os amigos, sonhando acordado, surfando na internet ou procurando por outros empregos, e isso custa a seus empregadores 40 milhões de libras por ano.[2]

Então, por que as pessoas permanecem em empregos que dizem não suportar? Um estudo recente aponta que 36% das pessoas afirmam estar tão cansadas depois de um dia de trabalho que, quando chegam em casa, só conseguem se jogar no sofá.[3]

Nesse caso, como será possível juntar energia e forças para sair de um trabalho tão pouco compensador? Você sabe que não tem o emprego dos sonhos, mas é mais fácil não arredar o pé de onde está se não souber exatamente o que quer fazer. Não há muito mais tempo disponível com as coisas do jeito que estão, muito menos para elaborar um plano de fuga e colocá-lo em prática.

Sua primeira decisão é concordar que as coisas não podem continuar como estão.

SE VOCÊ NÃO SUPORTA MAIS SEU TRABALHO, POR QUE NÃO PEDE DEMISSÃO?

Quando mostrei o manuscrito deste livro a um editor e pedi sua avaliação, ele me respondeu asperamente: "Não entendo, se você não gosta do emprego, apenas peça demissão e pronto". Fiquei surpresa, mas ele continuou: "Sempre gostei do meu trabalho e sempre procurei fazer aquilo de que gostava. Eu já fui professor acadêmico e também gostava disso, mas estava cercado por um bocado de gente que detestava o trabalho. Elas ficavam ali e reclamavam o tempo todo, e isso eu nunca entendi".

Para algumas pessoas, é simples assim – se não estiver feliz, vá embora. Mas para outras, é diferente. O risco financeiro, não saber o que fazer, não ter as competências adequadas para uma nova carreira – todos são motivos para se continuar onde está (veja mais no capítulo 3). Quando há dúvidas sobre qual caminho tomar, as pessoas tendem a encontrar algo para pôr a culpa – a preguiça, os adiamentos, o fato de estar preso à zona de conforto, de ser velho demais, jovem demais, tarde demais.

Mas existe algo simples que permeia tudo isso e que está por trás de tudo o que nos impede de levar a vida que faria nosso coração feliz: o MEDO.

QUANTO TEMPO IRÁ LEVAR?

As histórias que tenho recolhido demonstram repetidamente que o tempo para que a mudança aconteça pode variar, e não é incomum que esse processo dure anos. Muitas vezes, vi entrevistados que vinham pensando em mudanças durante longos períodos, e, em um caso particular, durante vinte anos! Se a pessoa tem dúvida, leva sempre mais tempo do que imagina. Mas, enquanto isso, ela precisa manter as coisas caminhando para garantir que tudo esteja no lugar certo para criar essa oportunidade ou para estar pronto para a mudança quando chegar sua vez. Dar pequenos passos agora, mas que sejam realizáveis, vai criar a possibilidade de uma grande mudança no futuro.

COMO COMEÇAR

Comprometa-se com a mudança – agora. Faça algo diferente em sua rotina diária. Por quê? Porque abandonar velhos hábitos trará novos pensamentos. Novos pensamentos trarão espontaneidade e a muito necessária energia. Faça um caminho diferente para ir ao trabalho, leia uma revista diferente, ouça algo novo.

Que pequena coisa, mas realizável, você pode colocar em movimento agora e que fará diferença para você? Pode ser qualquer coisa, desde ficar 15 minutos ao ar livre na hora do almoço, até arrumar seu armário ou abrir sua correspondência que está há tanto tempo sobre a mesa. Comece devagar, mas empenhe-se em fazer algo AGORA que torne sua vida melhor imediatamente.

CONTAGEM REGRESSIVA PARA SEU EMPREGO DOS SONHOS
Aconselhamento de carreira por Carole Ann

Assim como faço quando estou orientando meus clientes, preparei estas dicas para que você se adapte ao processo que irá enfrentar ao embarcar na viagem em busca de seu emprego dos sonhos. A euforia poderá facilmente se transformar em tristeza quando você se deparar com os altos e baixos advindos da esperança e da decepção. Isso é perfeitamente normal, e durante todo o livro eu lhe peço que não desista e continue persistindo.

Existem seções em que encontrará dicas provocantes e desafiadoras, e peço que continue tendo coragem de ser o mais honesto possível consigo mesmo. Também seria bom que você fizesse um diário para acompanhar o seu percurso ao longo do processo, mantendo sua mente aberta, de forma a poder tirar o máximo daquilo que aprender ao longo do caminho.

Não importa se seus passos forem curtos como os de um bebê ou saltos gigantescos; avance no ritmo que combinar mais com você. Essas sugestões funcionam, mas, assim como qualquer outra coisa relacionada ao desenvolvimento pessoal, seja perder peso, seja fazer exercícios, você vai conseguir extrair o equivalente àquilo a que se dedicar. Mudanças da noite para o dia são raras, mas não impossíveis, então seria bom dar um pouco de atenção a isso também.

PLANO DE AÇÃO DE CAROLE ANN

1. A primeira parte do livro trata de como sair da estagnação. Compre um caderno de anotações bem grosso para tomar nota de seus pensamentos. Esse será o seu acompanhamento diário para registro de seus progressos. Com o tempo, você nem vai mais reconhecer a pessoa que escreveu na página 1 de seu caderno.

2. Na medida em que avançar sobre as questões cotidianas, comece a prestar atenção no que mais gosta, no que mais o deixa motivado, e nas coisas que sente mais facilidade de fazer. Mantenha esses pensamentos firmes e você vai começar a perceber quais coisas lhe dão a sensação de "Ah-háá!".

3. "Entenda" que você merece fazer um trabalho que ame de verdade. Encare as crenças limitadoras que podem estar lhe segurando – do tipo:

> Não mereço ter...
> Não consigo fazer isso porque...
> É impossível que eu...
> Meu pai diz que ser contador é algo seguro, mas eu jamais...

Rejeite essas crenças!

4. Descreva no caderno quanto está custando para você *não* fazer aquilo que deixaria seu coração feliz. Cansaço, ressentimento, depressão, impotência, ciúme, problemas de autoestima. Seja muito sincero!

5. Coloque o desespero de lado e comece a acreditar que isso pode acontecer a você, permitindo que a positividade e o êxtase de tal pensamento o teletransportem. A dúvida, o medo e o cinismo irão amarrar pedras em seus sonhos e fazê-los afundar.

CAPÍTULO 2
A MUDANÇA MENTAL PARA SEU NOVO EU

> *Eu realmente acho que se as pessoas tiverem um pensamento positivo sobre a vida e sobre tudo o que fazem, elas terão muito mais probabilidade de êxito do que aquelas pessoas que têm um sentimento negativo sobre a vida. Eu sou um grande entusiasta em dizer mais "sim" do que "não" para todas as coisas.*
>
> Richard Branson[4]

ELE CONSEGUIU

> Patrick
> **Idade:** 48 anos
> **Era:** corretor de seguros, no Reino Unido
> **Agora:** principiante no comércio de vinhos, no Reino Unido
> **Chave do sucesso:** trabalhou com suas paixões
> **Paixões:** vinho, livros, história, críquete

Se hoje você está preso à mesa do trabalho e detesta cada minuto do tempo que passa lá, você não é provavelmente a melhor pessoa ou a mais fácil para se trabalhar agora. Você precisa ser levado, para um lugar muito mais alegre.

Portanto, alterar a sua situação deve ser sua prioridade. A responsabilidade por sua carreira recai em você.

As pessoas vão querer ajudá-lo a atingir o seu potencial, mas todo o tempo e energia que você esperava que seu preocupado chefe fosse investir em você é *você* quem deve investir em si mesmo. E, para conseguir a disposição de espírito adequada, você precisa livrar-se de tudo em sua vida que o arrasta para baixo.

Isso inclui todas as pessoas que enxergam seus copos vazios – independentemente de seus empregos, amigos ou amigas, promoções e aumentos salariais. A abordagem que eles dão à vida faz parte da rotina que você está deixando agora para trás. Você está se direcionando, está se alinhando às pessoas cujos copos estão transbordando. E você irá reconhecê-las imediatamente – pessoas dinâmicas e cheias de energia, pessoas apaixonadas e que dão sabor à vida, pessoas com montes de amigos e agenda social repleta. O ponto de vista delas quanto à vida é contagiante e viciante. Eventualmente, é a conversa dessas pessoas que você irá procurar no lugar da tagarelice cínica e negativa. Se você pensar positivamente, irá se comportar positivamente, e todo o mundo quer trabalhar com pessoas positivas. Não está convencido? Dê uma olhada em volta e observe. Este livro irá apresentá-lo a essas pessoas. Patrick não começou como um sujeito positivo. Na verdade, ele era um poço de negatividade. Depois que se livrou de tudo o que era negativo, sua vida e ele foram transformados.

Patrick e eu nos encontramos no saguão do Savoy. Sentados sob candelabros luminosos e perto do pianista, rodeados por solitários jantares de negócios, bebemos nosso vinho cuidadosamente selecionado.

Esse foi o hotel para onde tanto Monet quanto Whistler vieram nos anos de 1880 para desenhar e pintar paisagens do Tâmisa. Patrick escolheu esse local porque ele é fascinado por história, construções e fatos antigos. Após dois anos de procura e de passar por vários empregos, Patrick acha que encontrou o caminho para seu trabalho dos sonhos. Durante o dia ele se entrega a seu amor por livros e por História trabalhando na biblioteca da prisão local, e de noite aprende sobre vinhos em uma escola técnica nas redondezas. Ele conseguiu realizar exatamente o que é preciso para a satisfação profissional.

Voltando alguns anos, percebemos que não havia nada de positivo na vida profissional de Patrick. Ele estava preso em um escritório de uma corretora de seguros sentindo-se numa armadilha e incapaz de seguir em frente. Pensando de determinada maneira, ele tinha tudo o que se pode desejar – um emprego seguro, um salário regular, uma casa e uma esposa. Não havia nada a reclamar. Mas ele reclamava, porque estava entediado até as lágrimas e subjugado pela inércia. Ele choramingava todos os dias, até que certa vez acabou adoecendo. Isso lhe soa familiar?

Como podia ser possível ele ter terminado em um lugar tão distante de seus interesses verdadeiros? Ele tinha começado uma vida limitada dando aulas de inglês em Creta e em seguida reuniu-se a seu pai no negócio de vinho da família. Patrick não tinha nenhum objetivo de longo prazo, mas ele gostou do trabalho na loja e percebeu que movimentar-se arrumando o estoque e empilhando os produtos nas prateleiras eram mais agradáveis do que imaginava. E ele adorava vinhos:

> Aquilo era realmente muito divertido, aprender sobre vinhos e conhecer pessoas. E ainda viajei pela Europa como parte do trabalho. Infelizmente, depois de três anos, não conseguíamos mais competir com os supermercados ou com o aumento do custo de aluguel, e o negócio faliu. Entrei em pânico e imediatamente me inscrevi em uma agência de empregos temporários. Foi isso que me levou a trabalhar na companhia de seguros, que, depois de um curto período, me ofereceu um emprego de tempo integral. Foi a escolha mais segura e mais fácil, e por isso lá fiquei.

Patrick fixou-se no escritório da seguradora – na verdade, era um emprego no qual ele poderia ter ficado por toda a vida. Mas ele o detestava:

> Eu trabalhava num escritório com outras 40 pessoas. Aquela perspectiva me deprimia a cada dia. A rotina diária, ter de lidar com as reclamações dos clientes sobre erros de outros departamentos, a burocracia asfixiante, a transferência da responsabilidade dos outros para mim.

Apesar de tudo isso, ele aceitava aquela enorme infelicidade por causa do salário regular:

Eu não falava sobre minhas paixões ou sobre meus interesses no local de trabalho. Eu adotava uma personalidade fixa no escritório. Estava ganhando a vida, mas não com as pessoas que tivessem os mesmos interesses que eu. Eu podia conversar sobre o que a gente fazia, sobre dinheiro e assim por diante, mas nada que estivesse ligado a mim. Com o tempo, tornei-me cada vez mais consciente da separação entre "o eu no trabalho" e "o eu fora do trabalho". Eu diria que estava me esforçando apenas uns 20%.

Patrick continuou se arrastando penosamente. Ele tentou procurar por outro trabalho, mas só encontrou empregos similares e por uma remuneração menor, e não havia nada que ele realmente quisesse fazer:

As opções pareciam limitadas em minha área, além de que eu não sofria nenhuma pressão verdadeira em minha vida que me obrigasse à mudança, então permaneci na rotina. Alguma pressão teria ajudado, um objetivo teria ajudado. Mas eu não sabia o que eu queria. Eu tinha algumas vagas ideias, mas nada concreto. Estava numa zona de conforto, e era muito mais fácil ficar firme ali do que instigar a turbulência da mudança.

Ah, a velha "zona de conforto"! Mas longe de estar confortável, Patrick parecia viver no "piloto automático", tolerando em vez de desfrutar a vida. Existem consequências em se viver uma vida como a de Patrick, que estava dando apenas 20% de si para o trabalho. Com efeito, fixar-se no *menos* cobrou seu preço de Patrick quando ele começou a adoecer, sofrendo de enxaqueca e de problemas no estômago. Retrospectivamente, ele acredita que a verdadeira raiz do problema foi "uma combinação de enfado e estresse":

Eu detestava falar sobre meu trabalho porque eu me via como um "escrevente de escritório". Mas naquele tempo, como não podia enxergar nenhuma alternativa, sentia que meu futuro residia dentro das quatro paredes da empresa. Eu me candidatei a uma posição como consultor financeiro em outro departamento. Era o movimento lateral, mas achava que era um cargo mais adequado às minhas habilidades. O trabalho me foi oferecido, mas depois de duas semanas percebi que foi a pior coisa que poderia ter feito. Fui designado para um coordenador agressivo, que não tinha nenhuma confiança em minhas habilidades e costumava minar a minha própria confiança. Saí de uma posição onde estava muito frustrado para uma sensação ainda pior quanto ao meu trabalho, e sofri de uma total perda de confiança.

Ter conseguido um trabalho ainda mais terrível pode, a princípio, ter parecido desastroso para Patrick, mas, na verdade, foi a melhor coisa que poderia ter acontecido. Esse período de "baixa total" revelou-se ser o catalisador de uma mudança positiva. Ao fazer o movimento, qualquer movimento, ele deteve a estagnação e gerou uma crise que, em última instância, foi o ponto de virada para Patrick.

Quando olham para trás, as pessoas acabam sentindo-se gratas por uma piora em sua vida profissional. "Se não tivesse sido aquele patrão extremamente mala", um entrevistado me contou, "eu não teria ficado tão determinado em procurar outro emprego." A tal situação não era mais confortável. E o mesmo aconteceu a Patrick: "Se não tivesse ficado tão pior", ele diz, "eu talvez ainda estivesse lá. Teria continuado a me lamuriar. Eu estava doente e todos os outros também. Acabei alcançando um ponto de ruptura que me obrigou a enfrentar as mudanças."

A MUDANÇA

Até esse ponto, Patrick achava que não tinha nenhuma outra opção de trabalho. Então, o que aconteceu para fazê-lo sentir que devia haver algo a mais do que aquilo?

Naquele momento, eu achava que não poderia largar meu trabalho porque precisava de dinheiro e continuava não enxergando oportunidades em nenhum outro lugar. Porém, senti que eu tinha outra escolha quando percebi o que eu fazia fora do escritório: eu podia comer e ver tevê, ou podia comer, ver tevê e fazer algo construtivo. Escolhi esse último. Foi uma decisão fundamental e comecei a pensar no que eu podia fazer.

Uma estreita brecha de luz penetrou em seus processos de pensamentos negativos, porque havia esperança – e havia uma escolha. Em vez de se concentrar naquilo que ele não podia mudar, começou a abordar, de forma lenta e gradual, aquelas coisas sobre as quais tinha controle. Começou a investigar as possibilidades fora do trabalho e parou de se deixar arrastar pelo que era negativo e que o consumia durante o dia. Patrick chegou a um estágio em que até ele reconheceu a necessidade de colocar algo positivo na vida:

Tomando por base a minha experiência anterior no comércio de vinhos, decidi habilitar-me como degustador de vinhos. Meu primeiro passo para a mudança foi tirar vantagem dos horários flexíveis do meu emprego, e comecei, então, a chegar mais cedo para poder sair às 4 da tarde. Essa pequena mudança fez uma grande diferença para mim. Consegui o tempo necessário para frequentar um curso de vinhos e descobri que minha paixão por isso me dominava. Depois de completar as aulas noturnas comecei a planejar meu próprio curso de degustação. Planejei a estrutura total do curso e seu conteúdo e levei esse planejamento até o colégio local, informando que gostaria de ministrar esse curso. Eu desejava mostrar às pessoas que as escolhas que elas têm num restaurante, em relação aos pratos, também se aplica aos vinhos. Eles acharam que era uma grande ideia e ministrei esse curso durante um ano. Isso fez maravilhas para minha autoestima e minha confiança aumentou muito. Eu tinha começado algo que era fruto de meu próprio trabalho e era totalmente libertador. Eu podia olhar para mim mesmo de um jeito diferente de quando me sentia fazendo sempre a mesma coisa no trabalho. *Aprendi que quando se faz algo pelo qual se está apaixonado, você se transforma.*

Patrick nunca seria capaz de largar seu emprego até que tivesse recuperado sua confiança e reencontrado alguns aspectos positivos da vida. Ao construir suas competências por iniciativa própria e se divertir ao mesmo tempo, Patrick pôde começar a ver as possibilidades. Antes, ele não conseguia enxergar além das quatro paredes do edifício onde trabalhava. Agora, ele tinha acabado de acordar para a percepção de que havia outras maneiras de ganhar a vida além das existentes no caderno de emprego dos jornais:

> Finalmente percebi que eu seria capaz de receber essa mixaria de salário em algum outro lugar. Ou seja, aquilo – o salário – nem era uma boa razão para permanecer no emprego. Ao fazer o curso de vinhos, aprendi um bocado sobre mim mesmo e minhas capacidades. E passei a refletir sobre como eu poderia tirar proveito disso. Que outros cursos poderia fazer? Onde eu gostaria de trabalhar? Eu sabia que não poderia continuar traba-

lhando em um escritório, no futuro. Havia gostado muito de trabalhar com um grupo de pessoas em um curso de vinhos. Eu não queria mais dar aulas, mas o que mais poderia fazer que me permitisse conversar com pessoas sobre coisas que me interessavam? Depois de uma semana, aquilo começou a fazer sentido. De início, estava influenciado por um pânico cego e achava que iria fazer qualquer coisa. Mais tarde, apliquei uma abordagem mais ponderada, decidindo então perseguir uma ou duas coisas, o que deixava tudo muito mais fácil.

Então, depois de uma semana, a vida de Patrick começou a fazer sentido. *Uma semana!* Alguns de nós demoramos anos para conseguir isso! Ainda assim, é bom saber que um retrato do futuro pode surgir muito rapidamente. Embora, em muitos casos, isso possa não ser notado por algum tempo.

Para ampliar suas opções e buscar outras possibilidades, Patrick também começou a fazer um treinamento para ser guia turístico de Londres. Ele baseou-se em seu amor por História e isso também exigia muitas das mesmas competências utilizadas em suas aulas de degustação de vinho: desempenho, pesquisa, conhecimento e a capacidade de se comunicar com grupos de pessoas. Ao perseguir seus interesses fora do trabalho, ele finalmente sentiu confiança suficiente de que poderia ganhar a vida com outras fontes de renda. Patrick perdeu o medo, deu o "bote" e entregou sua carta de demissão.

Seguindo um período de busca pela alma e pela carreira correta, o amor de Patrick pelos vinhos reapareceu. E ele se inscreveu para uma graduação de meio período. Como Patrick mesmo diz: "Se você tem uma paixão, acaba quase sempre voltando para ela". Enquanto procurava, ele seguiu seu instinto e tentou algumas coisas:

trabalhou como guia turístico por certo tempo, concomitantemente ao trabalho numa adega, numa livraria e em uma biblioteca. Patrick havia se transformado de alguém preso, e cego quanto às suas perspectivas, em uma pessoa inquieta e capaz de rapidamente encontrar um novo trabalho. Ele agora pretende satisfazer seu potencial, e não mais desperdiçar a vida reclamando de um trabalho que detesta. Mas isso não tem sido muito claro e simples para ele. Lá no fundo, existem ainda anseios por uma carreira em Biblioteconomia ou por comprar um sebo, mas é o comércio de vinhos que o deixa mais animado do que qualquer outra coisa. A esposa dele até mesmo comprou algumas videiras em seu aniversário para lhe dar um impulso inicial. Seu atual trabalho na biblioteca da prisão local fornece os recursos para pagar sua graduação. Mas para fazer com que essa reconversão fosse financeiramente viável, ele teve de fazer alguns sacrifícios:

> Do ponto de vista financeiro, estou pensando de novo como um estudante, fazendo pequenos ajustes para que o dinheiro dure mais. Não gasto mais do que o necessário num almoço, que durante um ano representa um terço do custo das mensalidades do curso. E minhas despesas de viagem anuais, que eram bastante "salgadas", agora são zero! E comprando vinho na França economizo bastante e não preciso desistir do que é essencial! Meu ideal é trabalhar de novo com vinhos. Minha ideia inicial é trabalhar na Nova Zelândia durante a colheita. Estou muito animado com o desafio de me tornar um tipo de cientista (o que estou fazendo é uma graduação em ciências, afinal de contas), trabalhar fora do país, aprender novas coisas (pilotar um trator!) e fazer parte do renascimento do vinho inglês. Talvez eu esteja vendo através de

lentes cor-de-rosa! Uma semana na Borgonha, observando as colheitas e olhando algumas paisagens maravilhosas foi uma inspiração e confirmou minhas esperanças e ambições. Então, estou ganhando a vida, pagando minha parte das contas e olhando para o futuro.

Ironicamente, Patrick completou um ciclo em certo sentido, tanto com relação ao que deseja fazer quanto com relação ao local onde está vivendo. De início, ele viu o local onde morava como a origem de seu limitado campo de trabalho, mas depois de um período de tempo passando por diversos trabalhos e ganhando autoconfiança, foi capaz de retornar à mesma área com uma ideia mais clara do que queria e podia oferecer. É difícil pensar que Patrick alguma vez esteve "preso à rotina". Desde que fez a primeira mudança mental em direção a algo mais positivo, se alguma coisa hoje o coloca num estado enfadonho e ele não suporta mais, ele segue adiante. Ele é alguém confiante o suficiente para correr riscos e está repleto de motivação e energia. Abandona os empregos temporários muito rapidamente quando percebe que seus empregadores não mantêm a palavra ou começa a se sentir absorvido pela politicagem do escritório. Tendo perdido seis valiosos anos na companhia de seguros, Patrick apresenta um renovado senso de urgência quanto a seu futuro. Mas ele finalmente conseguiu o que realmente deseja – uma carreira atuante com vinhos.

OS CONSELHOS DE PATRICK

1. Dê um tempo no sofrimento. Fique mais tempo fazendo coisas de seu interesse. Conecte-se com aquilo de que gosta. Seu ânimo será renovado e você terá sua energia de volta.

2. Descubra o que quer fazer e encontre o momento certo para fazê-lo, mas faça isso o mais depressa possível. Aquele curso, aquela viagem, aquelas férias – apenas faça! Afinal, o que de pior pode acontecer? Sempre vai existir trabalho, e todos nós podemos fazer muitas coisas.

3. Se você sente-se preso economicamente, como eu me sentia, veja o que pode fazer para utilizar seu tempo de lazer. Analise quanto tempo você pode dedicar de verdade à sua paixão – não há desculpas. A coisa mais simples de fazer é ser preguiçoso. Eu era um excelente candidato, mas até mesmo eu cheguei a um ponto em que a rotina, e toda a negatividade que vinha com ela, se tornou claramente maçante. Descubra o que lhe faz feliz, animado e vivo! Isso é o que você *precisa fazer*.

4. Eu mantinha um diário. Uma ferramenta muito útil para que pudesse monitorar os menores, algumas vezes minúsculos, progressos que tinha feito. Eu conseguia ver meu movimento daquela rotina em direção a algo mais positivo. É difícil de acreditar que eu achava ser melhor trabalhar com seguros num emprego que eu odiava. É terrível, olhando em retrospecto, o fato de que convenci a mim mesmo de que não existia nada mais que eu pudesse fazer. E não fiz nada até chegar a um ponto de ruptura. Ao deixar a companhia de seguros, eu simplesmente segui um caminho de meu próprio interesse e, a partir daí, comecei a trabalhar meu futuro.

DICA NOTA DEZ
Você não aprende nada na zona de conforto. Procure sentir um friozinho no estômago uma vez por semana.

CONTAGEM REGRESSIVA PARA SEU TRABALHO DOS SONHOS
Aconselhamento de carreira por Carole Ann

A ARMADILHA DO PILOTO AUTOMÁTICO

Todos nós temos mecanismos de defesa, quer se trate de um jantar agradável depois de uma crise, quer se trate de procurar um vinho Chardonnay depois de um cansativo dia de trabalho; esses são pequenos hábitos que empregamos para aliviar a pressão. Mas, no geral, usando pouca meditação ou algum tipo de exercício, tais mecanismos são insustentáveis.

Patrick confessa que dava apenas 20% de si em seu trabalho quando se sentia no pior momento. Ele estava no piloto automático, vivendo para suas noites, fins de semana ou para os dias de pagamento. Enormes partes de sua vida, de seu tempo, de sua energia e de sua alma estavam suspensos em um tédio cinzento e numa escuridão horrível. Sua vida estava em compasso de espera. Claro que isso o ajudou a sobreviver naquele tédio entorpecedor. Mas quais foram as consequências? Ele mencionou viver em depressão, isolado, irritado com os colegas, e eu tenho certeza de que sua vida em casa não era repleta de risos depois de uma semana desse tipo.

Quando toleramos coisas que drenam nossa energia, outras áreas de nossa vida começam a declinar. O impacto é de grande alcance e pode afetar nosso humor, nossa perspectiva sobre a vida, nossa saúde e felicidade.

O que você está tolerando em sua vida neste momento? Quer seja o atordoante percurso diário de casa para o trabalho e vice-versa, ou os sapatos apertados que usa para trabalhar, escreva uma lista do que você se obriga a tolerar e decida despachar tudo isso de uma vez.

Quando utilizamos plenamente nossos pontos fortes, ou somos valorizados e respeitados pelo que fazemos, acabamos nos sentindo energizados e úteis. Sentimo-nos compelidos a fazer o que é exigido de nós porque estamos fazendo o nosso melhor. Esse sentimento de motivação vem naturalmente e não é falso nem forçado. Estamos sendo verdadeiros, presentes no momento, e não apenas mantendo o pescoço fora da água ou desperdiçando nossa vida. Você consegue imaginar isso?

PLANO DE AÇÃO DE CAROLE ANN

1. Fique longe de pessoas negativas que desejam demolir sua visão de futuro e que podem sentir-se ameaçadas por ela.

2. Se você ficar ansioso, cínico ou desesperado, vá procurar algo que o preencha de alegria – uma música, um bom amigo... seja criativo.

3. Lembre-se, aquilo em que você focar se expande – mantenha-se positivo.

4. Escreva uma lista do que, no passado, lhe deixou orgulhoso, de coisas difíceis que você superou e recupere este lema: VOCÊ PODE FAZER ISSO!

5. Você está certo em querer algo melhor. Você não precisa sofrer em seu trabalho ou viver se martirizando apenas por pensar que está conseguindo algo. Como seria a sua vida se você adorasse o que faz a cada dia, vivendo com significado e propósito? Você tem uma escolha. O que seria necessário mudar em sua vida de modo a poder honrar plenamente o seu potencial? Permita-se sonhar. Imagine-se no emprego ideal. Como isso lhe parece?

6. Ouça sua voz interior. O que você fazia quando criança e que adorava? O que você ama atualmente? O que você acha fácil de fazer, que lhe enche de alegria e que você nunca, em um milhão de anos, poderia sonhar em ser pago para fazer? Mesmo aqueles prazeres mais estranhos merecem ser considerados.

CAPÍTULO 3
IDENTIFIQUE E SUPERE OS OBSTÁCULOS

Eu apenas pensei, bem, eu quero escrever, e eu escrevi o livro, e o que de pior pode acontecer? Ele foi recusado por todos os editores da Grã-Bretanha, e daí?

J. K. Rowling[5]

Quais são os principais obstáculos que impedem as pessoas de alcançarem suas metas? O que as impede de enviar um e-mail pedindo demissão, candidatar-se a um novo emprego, escrever um livro, dar aquele telefonema, enfim, dar o primeiro passo?

Numa recente pesquisa, os seguintes pontos foram citados como razões para as pessoas não saírem de determinado emprego[6]:

1. Uma eventual queda de salário. (70%)
2. Necessidades familiares. (37%)
3. Sou muito velho para mudar de carreira. (27%)
4. O custo para me reciclar. Não tenho as qualificações para fazer o que eu realmente desejo. (23%)
5. Apatia. (17%)
6. A eventual queda no *status*. (14%)
7. O estresse em aprender novas competências. (10%)
8. A área em que quero atuar é muito competitiva. (8%)

A QUEDA NO SALÁRIO

Isso aparece aqui como o maior obstáculo na mudança de carreira. Então, o que você pode fazer para se colocar numa posição financeira saudável, de forma que tenha algumas opções?

A consultora financeira Ann Watcyn Pugh acredita sinceramente que se você for proativo quanto às suas finanças, não precisa parar de fazer as coisas. Mas se quiser continuar com os fartos cafés e esbanjando generosamente em suas noitadas, então será obrigado a se esforçar um pouco mais.

Aqui estão sete dos principais pontos sugeridos por Ann para colocar suas finanças em ordem e ter alguma escolha quanto a mudar seu futuro: "E você só precisa fazer isso uma vez", diz ela. "Depois, você pode se concentrar em sua nova carreira."

1. REVISE SUA HIPOTECA OU ALUGUEL

Você pode mudar sua hipoteca para outro banco de empréstimos, em busca de uma taxa melhor, ou pode negociar uma taxa fixa durante alguns anos, de forma que possa saber exatamente o montante da prestação mensal que deverá arcar durante um tempo – e, em especial, durante seu período de transformação. Vale a pena buscar um parecer independente sobre o assunto. Se você puder fazer um pequeno pagamento aqui, poderá economizar uma fortuna mais adiante. E por que uma taxa fixa? Num período de preparação para determinada mudança, conseguir uma base financeira fixa faz uma enorme diferença psicológica. Muitas vezes, as pessoas nem consideram a possibilidade de uma taxa fixa de hipoteca. Esse é o maior empréstimo que você pode pedir em toda a sua vida, e as pessoas quase sempre enxergam os bancos e as construtoras como figuras de autoridade, então não acreditam que estão na posição de mudar qualquer coisa. Mas você está nessa posição. E caso esteja pagando aluguel, poderá ter a flexibilidade de reduzi-lo enquanto coloca sua mudança em prática.

2. MONTE UM PLANO FINANCEIRO

Se você tem esperança de fazer uma mudança de carreira, coloque suas finanças em ordem. Não enterre sua cabeça na areia ignorando essa questão. Peça conselhos profissionais e faça uma avaliação realista de sua situação financeira. Qual é a menor quantidade de dinheiro com a qual pode viver?

3. LIVRE-SE DA DÍVIDA DO CARTÃO DE CRÉDITO

Livre-se das altas taxas de juros sobre a dívida do cartão de crédito. Procure transferir sua dívida para um acordo de 0% (muitas vezes sem juros durante um ano), pois isso vai dar-lhe tempo e espaço para saná-la de uma vez. Verifique antes se não há uma taxa exorbitante de transferência antes de mergulhar nisso. E procure cartões que deem descontos, em vez de pontos.

4. FAÇA SEU DINHEIRO TRABALHAR PARA VOCÊ

Certifique-se de que sua conta no banco e sua poupança estejam rendendo as mais altas de juros. As taxas são publicadas nos jornais nos fins de semana.

5. ORGANIZE SUAS CONTAS – COMECE A DISCIPLINAR-SE FINANCEIRAMENTE

Abra uma conta separada para fazer todos os seus pagamentos. Tenha um débito em conta para cobrir os custos a cada mês (e um pouco mais se conseguir poupar alguma coisa). Tais práticas incutem disciplina financeira e delimitam a quantidade de dinheiro para pagar as faturas. Certos custos serão desconhecidos, mas a prioridade é pagar as despesas essenciais.

6. IMPULSIONE SUA RENDA

Se você tem um quarto sobrando, por que não alugá-lo? Se você mora na cidade, por que não dividir as despesas com alguém? Muitas pessoas alugam um quarto de segunda a sexta, e depois voltam para a casa da família no fim de semana. Dê também uma checada nos sites de comparação de preços – verifique se você está pagando as menores taxas de gás, eletricidade, seguro etc.

7. ECONOMIZE NO TRABALHO

Economize para um novo curso ou aprendizado e guarde o dinheiro necessário para pagar por ele.

DICA NOTA DEZ
Se você está ganhando um bocado de dinheiro, comece a economizar. Se não estiver, você está livre para conseguir algum dinheiro em qualquer outro lugar que combine com você.

E o que dizer dos outros obstáculos citados acima como razões para não mudar de trabalho? Alguns deles fazem sentido para você?

NECESSIDADES FAMILIARES

Convide seus amigos ou companheiro(a) para apoiá-lo. Certamente alguns deles devem ser felizes e saudáveis e é melhor ficar ao lado deles do que ficar ao lado de alguém triste e insuportável. Fale de seu projeto e tente engajá-los em seu plano. Será que você consegue arranjar três horas para si mesmo num sábado para fazer sua pesquisa, tomar notas e encontrar pessoas? Nesse estágio, você precisará tentar manter-se ativo. Você vai ter de ser responsavelmente egoísta em nome de um bem maior.

SINTO-ME VELHO DEMAIS PARA MUDAR...

Desde que sua nova profissão não dependa de excessivo trabalho manual ou de extrema resistência, não há nenhuma razão para que você não comece a perseguir seu sonho. Com a idade, vêm a sabedoria e a paciência. Os 40 anos são os novos 30, os 60, os novos 50 – a população mais velha tem muito mais força e resistência, mais interesse pelos assuntos de forma geral e um poder de consumo que jamais teve. Os mais velhos trituram pedras!

O CUSTO PARA RECICLAR-SE/ NÃO TENHO AS QUALIFICAÇÕES NECESSÁRIAS

Se você fosse comprar uma loja, um café ou algum novo negócio, isso iria custar muito mais do que pagar uma faculdade ou qualquer curso universitário. Investir em sua formação é como estar comprando um novo futuro para você; o dinheiro que gasta está comprando uma nova profissão e novas oportunidades de negócios. Esse será seu maior investimento e seu maior ativo.
Verifique com seu atual empregador se ele pode cofinanciar seu custo de instrução. Você checou se existe bolsa? Será que um empréstimo será viável se você apresentar um plano de negócios sensato?
Por outro lado, você tem 100% de certeza de que precisa gastar muito dinheiro para se instruir? Muitos empresários líderes em suas áreas, como Karen Brady e Richard Branson, não tiveram instrução formal. Jamais negue quão longe a sua paixão, seu *know-how*, seu *network*, seu voluntarismo e seu encanto podem levá-lo.

APATIA

O que exatamente está drenando sua energia? Quando nos sentamos inertes, adiando as decisões, geralmente existe um medo subjacente que é preciso abordar. Pergunte a si mesmo do que você está com medo e use isso como ponto de partida para uma sensibilização.

A EVENTUAL QUEDA NO *STATUS*

O que o *status* quer dizer para você? Ele valida você? Ele faz quem você é? O que o sucesso significa? Ter a pompa material da riqueza, ou viver a vida com propósito e significado?

A ansiedade causada pelo *status* representa o flagelo moderno. Quando nos preocupamos demais com nossa aparência ou procuramos seguir a mesma moda das celebridades, estamos a um passo da frustração. Felicidade, paixão, acordar cada dia querendo mergulhar no trabalho – tudo isso é inestimável quando comparado à perseguição dos ovos de ouro durante anos de tédio, fadiga e depressão, o que nos deixa esgotados demais para curtir o final de semana ou para gozar da aposentadoria.

Ninguém está afirmando que trilhar o caminho em direção àquilo de que você gosta é muito fácil. Mas, com coragem e persistência, essa poderá ser uma jornada de grandes possibilidades e satisfação. Fique onde está e o que irá receber? Infelicidade garantida. E uma vida inteira imaginando "como seria se...".

Além disso, quem disse que você perderá *status*?

O ESTRESSE DE APRENDER NOVAS COMPETÊNCIAS

As crianças pequenas conseguem mexer em computadores e os aposentados estão se comunicando por meio de sites de relacionamento. Então, isso quer dizer que é *possível* ensinar novos truques tanto para filhotes quanto para cachorros veteranos. Por que fazer da aprendizagem uma coisa estressante? Pode ser emocionante aprender a dominar algo novo. Pode ser um desafio intelectual e uma nova maneira excitante de se conectar com pessoas que tenham as mesmas opiniões. Alguma vez você já levou em conta o grau de satisfação que se obtém ao aprender algo novo?

Existem muitas maneiras de fazer isso – cursos por correspondência, cursos em casa, seminários, trabalho temporário, aulas noturnas. Deve existir algum método que combine com você. Converse com alguém que esteja fazendo o que você gostaria e veja se há rotas alternativas para chegar até seu objetivo.

A ÁREA EM QUE QUERO ATUAR É COMPETITIVA DEMAIS

Toda profissão ou setor de atividade é competitivo. Essa competição é saudável. Aprenda aquilo que seus concorrentes fazem e então pense criativamente em como fazê-lo de maneira diferente e melhor. Pense como será o que você vai oferecer, como se pode comparar com o que é feito pelos demais e como pretende agregar valor a isso. Ninguém mais é *você*, então use o que tem para criar uma vantagem competitiva. Ofereça um serviço único, ande um passo à frente, desenvolva um perfil de comunicação e acredite em si.
Desenvolver um nicho pode fazer você se destacar na multidão. Qual é sua vantagem competitiva? Como você faria as coisas de maneira diferente? Por que as pessoas iriam procurá-lo?
Seja *você* a sua mensagem e comunique-a com estilo. Seja a "marca" ao viver e trabalhar dentro de seus valores e com paixão. Nunca deixe a chama que o impulsiona apagar. Deixe que ela se queime com luminosidade para que seu mercado perceba sua energia e seu amor pelo que faz. Muito em breve você *será* a concorrência!

DICA NOTA DEZ
Nunca espere que as coisas sejam perfeitas – elas nunca serão.

Durante o processo de pesquisa para este livro, os únicos lamentos que ouvi foram daqueles que não fizeram as mudanças mais cedo. Eles admitiram, em retrospecto, que inventaram muitas desculpas – frequentemente por causa do medo. Mas e se você for obrigado a aceitar que está abalado? Que as coisas ficarão ainda mais erradas, que será rejeitado e que precisa, então, correr grandes riscos? Se você reconhece e aceita o medo, e então avança e enfrenta os obstáculos – o que acontece? Bem, vamos ver. Veja o caso de...

ELA CONSEGUIU

Jenni
Idade: 42 anos
Era: professora universitária no Reino Unido
Agora: jogou tudo para o alto para encontrar o emprego dos sonhos
Chave do sucesso: recuperou as responsabilidades
Paixões: ainda está procurando

Jenni ainda não encontrou o que ela quer fazer. Mas, pelo menos, deu um passo decisivo no caminho da descoberta.

Apesar de ter amadurecido em seu trabalho de 18 anos como professora de inglês para estrangeiros em Londres, Jenni ficou estagnada. Preocupada com os obstáculos habituais – a opinião das outras pessoas, a perda de *status* e dinheiro, as incertezas –, ela ficou presa. Até que, subitamente – bastante distante de sua personalidade, com nenhuma outra opção e apesar de todas as barreiras –, ela entregou sua carta de demissão, "simples assim".

Vários momentos decisivos (problemas de saúde, más condições no trabalho, má gestão, ser ignorada para promoções) geraram uma súbita clareza e ela descobriu que tinha de ir embora: "O que você está esperando?", disse a si mesma enquanto seu *mouse* pairava sobre a carta de demissão. "Quando a enviei, me senti muito bem!" Conversei com Jenni algumas semanas depois de ter feito isso. "Estou muito bem", disse ela, "como todo o mundo."

Na sequência, ela encontrou um novo trabalho como governanta. No minuto em que as pessoas sabiam que ela estava disponível, o trabalho imediatamente vinha em sua direção. Sem um rendimento regular, fundamental naquele momento, ela sentia que não podia ser muito exigente:

O maior obstáculo para a minha saída foi a opinião das outras pessoas sobre o que eu deveria fazer. As coisas que eu *podia* fazer (limpar, cozinhar, cuidar dos filhos) não eram ocupações desejáveis, segundo a opinião dos outros. Eu lutei contra a ideia de perder o *status* que eu achava que tinha por ser professora em uma universidade. Nós somos definidos por nossos empregos, mas quando dava aulas estava tão aborrecida que não queria conversar sobre isso.
Eu detesto o fato de as pessoas no Reino Unido sempre perguntarem: "O que você faz?" (Por que eles não perguntam: "Como você se diverte? Que tipo de música você gosta?"). Eu observo pessoas na escola olharem duas vezes quando descobrem que eu desisti de um emprego de professora na universidade para cuidar de crianças. Isso me dá um arrepio toda vez que menciono!

Como Jenni foi capaz de superar a longa lista de obstáculos que a mantinham acorrentada à sua velha rotina e entregar sua demissão de professora qualificada? Se voltarmos atrás para descobrir um pouco mais sobre sua carreira docente, iremos encontrar vários fatores que contribuíram para isso.
Quando começou a pensar sobre seu futuro, Jenni passou a notar a progressiva decadência de uma colega mais velha na sala dos professores:

Com o passar dos anos, eu via sua energia se evaporar. Ela estava envelhecendo e aguardando sua aposentadoria.

Eu podia me ver em seu lugar nos próximos anos e me tornei perfeitamente ciente do quão rapidamente o tempo estava passando. A vida dessa colega se refletia em minha própria vida. Eu acabei dando aulas por falta de opção, por não saber o que eu gostaria de fazer realmente. Na maior parte do tempo, gostei de fazer o que estava fazendo, o que não é ruim. Eu apreciava a flexibilidade que tinha e isso me levou para longe de uma existência em um escritório, em frente do computador. Mas nunca pensei nele como "o trabalho que sempre desejei". Eu sempre mantive em minha mente que um dia eu sairia dali.

Jenni tinha gostado de dar aulas, mas nunca sentiu isso como sendo sua verdadeira vocação. Depois de sete anos fazendo a mesma coisa, ela começou a pensar em uma mudança, e embora gostasse do trabalho na maior parte do tempo, quando falava em sair do emprego usava a expressão "cair fora" – como se estivesse aprisionada. Ela chegou a um estágio em que se sentia vazia por causa das más condições. Na verdade, Jenni estava trabalhando bastante, e por muito pouco dinheiro. Depois de dezoito anos, ainda não tinha um contrato por tempo indeterminado:

> Então eu me candidatei para um emprego fixo no âmbito da universidade. E, como não consegui, meus pensamentos se paralizaram. Com aquele emprego eu teria o contrato e os benefícios que sempre tinham escapado de mim. Mas será que teria sido capaz de desistir daquilo para ir em busca de uma paixão? Quando não consegui aquele emprego, analisei minha situação: estava exausta, sem contrato e continuava sendo paga por hora.

O fato de não ter conseguido o trabalho que achava merecer foi seu chamado para despertar. Foi um daqueles momentos de baixa no processo de mudança que se evidenciou depois uma revelação:

Eu percebi que precisava abrir meu próprio caminho. Não podia mais confiar nos outros para fazer isso por mim. Precisava começar a me valorizar e a reconhecer meus méritos. Esse pensamento deu-me uma nova perspectiva sobre mim mesma. Lá estava eu, sendo paga por hora, arrastando-me sobre aquelas sobras de trabalho e sendo convencida a sentir-me grata por isso. Quando finalmente abordei o assunto com os colegas, percebi que essas ideias não passavam somente por minha cabeça, não era "só eu". Então mantive o emprego, mas ao mesmo tempo candidatei-me para uma outra faculdade em busca de um trabalho de meio período e com um contrato permanente. Consegui um. Até que enfim! Mas, no final das contas, não gostei nem um pouco do novo trabalho. Eu chorava todas as manhãs antes da aula e entreguei minha carta de demissão depois de apenas um semestre. Essa atitude não me era usual e foi algo muito importante. Sempre fora leal, e sair daquele jeito foi uma nova experiência. Eu sentia uma agonia enquanto escrevia a carta de demissão, preocupando-me em usar as palavras exatas.

Ir em busca de um trabalho adicional numa escola diferente, apenas para perseguir aquilo que ela achava que queria – um contrato permanente – foi um passo fundamental para Jenni, que marcou o fim de sua longa estagnação. Foi apenas quando fez essa mudança, e experimentou algo novo, que ela incorporou a informação que lhe era tão necessária. Um contrato permanente não iria lhe proporcionar a satisfação que estava procurando, mas esse movimento permitiu-lhe, em última análise, seguir em frente: "Se eu não tivesse realizado o trabalho na outra faculdade, que detestei, não teria feito nada mais. Por que é que nós não fazemos nada até que as coisas fiquem tão terríveis?". As pessoas estão simplesmente com medo de fazer algo até chegarem a esse ponto. Eu realmente simpatizei com a história de Jenni, com sua luta, com sua falta de direção, com o medo que ela tinha do desconhecido. Ela batalhou verdadeiramente nessa busca, nessa caçada para experimentar coisas diferentes:

> Do lado oposto do ponto de ônibus, no caminho do meu trabalho, havia uma pequena rotisseria que, entre outras coisas, vendia sopas e bolos. Eu disse a mim mesma: "Vá explorar alguma coisa, qualquer coisa!". Havia um aviso na janela anunciando vagas para trabalhar ali e, como sou metida a *gourmet*, telefonei candidatando-me para uma das vagas. Conheci os proprietários, que me ofereceram um trabalho de 20 horas por semana, e por lá fiquei, conjugando essa função com meu emprego na universidade. De repente, tudo se tornou gerenciável, porque eu tinha algo a mais em minha vida do que apenas dar aulas.

Jenni deu um passo absolutamente vital ao colocar algo de positivo em sua vida profissional. Isso a revitalizou. O sentido de novas possibilidades, de vigor e de confiança a inundou como se fosse para contrabalançar aquilo que tinha drenado sua energia na sala de aula:

> Eu assei bolos e trabalhei nessa loja durante sete meses, o que foi maravilhoso. Reconheci minhas outras habilidades e estava num ambiente diferente e com pessoas diferentes. O salário era baixo e eu estava esgotada, mas de uma maneira totalmente diferente do que quando somente dava aulas. Era um trabalho árduo, mas energizante. Eu tinha as mesmas ideias durante anos, e então disse a mim mesma: "Vá e faça isso!". Eu precisava parar de romantizar os trabalhos sobre os quais não conhecia absolutamente nada.

Jenni parou de viver sonhando e "caiu na real". Ela acabou adquirindo um valioso conhecimento sobre si mesma e sobre um tipo diferente de ambiente ao fazer algo novo. E também começou a ganhar prática na arte de pedir demissão!

Eu cheguei a um estágio na loja em que senti que já havia feito de tudo. Comecei a avaliar do ponto de vista financeiro e pareceu fazer mais sentido arrumar novos trabalhos na universidade. Mandei um e-mail aos proprietários da rotisseria quando estava de folga por alguns dias e isso foi fácil. Eu estava começando a superar minha fobia de pedir demissão e de me sentir desleal. Quando percebi que tocar uma loja não era exatamente o que eu queria fazer, comecei a imaginar o que aconteceria em seguida. Eu achava que poderia fazer "algo mais" e que isso seria minha atividade principal. Mas isso não aconteceu. Então, achei que minha carreira seria como uma pista de duas mãos, tendo dois empregos simultaneamente, mas, com o tempo, eles acabaram se tornando uma pista de mão única.

Quando percebi, vi que estava na beira de um precipício! Alcancei um estágio onde compreendi que, na verdade, não iria descobrir o que seria aquele "algo mais". Essa minha enganosa mudança de carreira continuava a me iludir. A gente pensa demais sobre nosso destino, sobre fazer isto ou aquilo. Mas nunca avaliamos a viagem para chegar até lá. Eu disse a mim mesma que podia fazer muitas coisas para ganhar dinheiro. Que podia limpar, cozinhar, cuidar de crianças, alugar um dos quartos do meu apartamento. Sou capaz de ganhar dinheiro. Sou capaz de sobreviver e de tocar minha vida.

O momento da compreensão veio depois de alguns dias em que Jenni estava afastada por motivo de saúde. Um verão estressante, com longas horas de trabalho, resultou em uma complicação de saúde. Jenni acabou tendo de fazer o trabalho que havia deixado de fazer, e sem ser paga por isso. Os sintomas relacionados ao estresse começaram a voltar. Ela sabia que era por causa do trabalho e que, se não virasse o jogo, o problema seria recorrente sob aquelas condições. Ela não queria que um problema de saúde atrapalhasse a sua vida.

A partir daquele momento, passou a ser simplesmente uma questão de quando ela se demitiria. Embora estivesse mais familiarizada com todo o processo de saída, Jenni ainda pensou nisso durante uma semana. Ela havia tomado uma decisão, mas estava com medo. Arrastou-se nessa condição durante algum tempo, com uma enorme agonia a respeito da decisão e, finalmente, ofereceu a si mesma a oportunidade de mudar de ideia.

Mas, lá no fundo, ela sabia que estava decidida, que não havia como retroceder e que devia informar a universidade para que pudessem encontrar um substituto. A indecisão sugou-lhe muita energia, o que ela descobriu ser sintomático de toda a experiência: "Toda essa energia estava sendo consumida e drenada de mim. Imagine só o que eu teria conseguido se investisse toda aquela energia que foi desperdiçada em algo positivo e que valesse a pena".

Você pode achar que tudo o que Jenni fez foi apenas entregar sua demissão. Mas para alguém acostumado a ter um salário regular durante 18 anos e uma estrutura diária, desistir de tudo isso sem nada em vista é um passo enorme e, para alguns, bem mal aconselhado. Qual foi a reação a essa partida abrupta?

A reação das pessoas à minha saída foi muito interessante. Alguns amigos ficaram chocados. Meus pais ficaram preocupados porque, para eles, tudo se resume a um emprego. Alguns professores sabiam, mas não fizeram nenhum comentário. Mas um colega chamou-me de lado e disse:

"Você não sabe o que vai fazer? Mas que fantástico!". Minha tia Daisy, de 80 anos, disse-me: "Está infeliz no trabalho? Não fique lá! Relaxe, mas ponha ordem em suas coisas". Ela trabalhou em uma fábrica, mas sua vida era a família e tudo aquilo que estivesse em volta. Ela não se definia pelo trabalho que executava o dia todo. Eu realmente precisava ouvir aquele tipo de encorajamento.

Jenni sabe que, se ela tivesse continuado a esperar por uma revelação sobre seu papel na vida, ainda estaria nas salas de aula. Ela havia esperado por 18 anos e tirado alguns períodos de folga para viajar, na esperança de que alguma coisa "chegasse a ela". Mas nada acontecera. Foi quando acabou reconhecendo que continuar na mesma rotina jamais abriria as portas para algo novo. Então, embora não soubesse para onde estava indo, ela saltou do navio de qualquer forma. Ao racionalizar sua situação, foi bem realista sobre o que poderia fazer e criou o espaço para fazer algumas explorações e tentar encontrar algo diferente, não importando o que seria. Ela descobriu a coragem para superar os medos dos riscos que a tinham acorrentado a um trabalho que havia ficado pequeno demais para si própria. Descobriu a coragem para abandonar um emprego com *status* e fazer algo que não possuía *status* algum. Mas o fato é que Jenni descobriu que vale a pena. Ela se cansou demais da situação esgotante em que estava e deixou de lado o medo de partir. Zarpou em busca de seu novo futuro: "As coisas chegam se você assim o permitir. Percebi que o medo estava em minha mente e que sou perfeitamente capaz de fazer outras coisas".

Sete meses se passaram desde que Jenni largou seu antigo emprego, e ela tem novos planos para o futuro. Tendo tempo para pensar e refletir, também teve tempo para fazer outras coisas. Um trabalho modesto em uma horta da comunidade acabou marcando com um "x" os boxes corretos. Ela está vivendo o processo de planejar seu próximo movimento, estabelecendo contatos e se preparando para conseguir uma posição segura fora da cidade: "Viver na cidade, percebo agora, é parte do problema". Há planos para trabalhar como voluntária em jardinagem no jardim de um museu para reforçar sua experiência e suas qualificações profissionais, além de retomar uma antiga ideia – gerenciar uma pequena pousada no interior. Inundada com novas ideias, Jenni acredita que o próximo passo será definir os meios de realizá-las, e a partir daí estabelecer o que realmente for realista.

OS CONSELHOS DE JENNI

1. O que me capacitou para começar o processo de mudança foi fazer algo diferente.

2. Em vez de simplesmente largar o emprego, procure antes ter uma ideia melhor sobre quem é você. Então, tente fazer outra coisa, um trabalho de meio período, tire um mês de férias, procure afastar-se de tudo por um tempo. Olhe em volta. Só quando fizer algo diferente é que ficará reenergizado o suficiente para poder avaliar com clareza e distanciamento seu emprego atual.

3. Você poderá chegar à conclusão de que boa parte dos obstáculos ou problemas está apenas em sua mente. Eu comecei a perceber que tinha escolhas. Havia economizado algum dinheiro, poderia tentar outras coisas, poderia arrumar um inquilino se precisasse. Comecei a ter fé em mim mesma e de que tudo terminaria bem.

Jenni encontrou a coragem para dar o primeiro e decisivo passo dentro do desconhecido. Georgina foi ainda mais longe.

ELA CONSEGUIU

Georgina
Idade: 35 anos
Era: dona de casa, na Austrália
Agora: executiva de sucesso, na Austrália
Chave do sucesso: recuperou as responsabilidades
Paixões: música, dar aulas, crianças, viver

Georgina é australiana. Quando falei com ela pela primeira vez por telefone, estava em sua casa em Melbourne e pareceu-me entusiástica e esfuziante. Mas sua vida não tinha sido sempre assim tão cor-de-rosa. No dia em que o marido foi embora, sua vida mudou "de uma hora para outra". Os obstáculos à sua frente eram gigantescos. Ainda assim, e por meio de uma série de transformações, ela deixou de ser uma dona de casa sem ambições para tornar-se uma mulher de negócios bem-sucedida:

> Agora tenho um negócio próspero, um negócio que amo de paixão, e ganho mais do que jamais sonhei. Mesmo que, de vez em quando, eu me sinta cansada e angustiada, passo a maior parte do dia sorrindo.

A chave para o sucesso de Georgina foi ter reconhecido suas paixões e ter sido teimosa o suficiente para persegui-las. Seu único objetivo na adolescência era mudar-se para a Irlanda. Então, economizou o que pôde e, aos 18 anos, apesar de não conhecer ninguém e indo contra todas as recomendações, comprou uma passagem aérea para Dublin, um país úmido e frio e com poucas opções de trabalho. Ela viveu por lá durante quatro anos e a experiência adquirida foi inestimável. Apaixonou-se pelo país, pela cultura local e, acima de tudo, pela música: "Pais e filhos cantam juntos, e ser capaz de tocar um instrumento é parte da cultura local. Isso não existia onde eu morava". Ela conseguiu ficar por quatro anos trabalhando como babá. Mas, depois desse período de grande inspiração pessoal, a saudade e o apoio dos familiares e amigos a trouxeram de volta para casa, em Melbourne. Ela trazia na memória lembranças da cultura irlandesa para a toda a vida, em que a música é uma maneira especial de ser. E foi isso que lhe deu as bases de seus planos para o futuro.

De volta à Austrália, depois de quatro anos, Georgina encontrou um chão seguro onde apoiar os pés, acomodando-se na vida. Começou a trabalhar como babá e, finalmente, sentiu-se confiante o suficiente para continuar os estudos que largara aos 18 anos. Agora sabia que gostaria de estudar música. Seu trabalho bancou sua instrução, e foi durante esse período que encontrou o futuro marido.

Um ano e meio depois de ter iniciado os estudos, ela deparou-se com um anúncio que dizia assim: *"Você gosta de trabalhar com crianças? Você tem afinidade com música?"*.

O anúncio era tão pequeno que quase me passou despercebido, mas assim que o vi disse: "Essa sou eu!". Eu amo crianças e adoro música. Liguei para o telefone do anúncio e fiz uma entrevista com uma empresária de fala direta e franca chamada Jen. Ela era uma mulher maravilhosa – meio áspera, mas afetuosa e divertida. Uma boa professora. Ela testou-me rapidamente a respeito de música, pediu-me que cantasse e contratou-me na hora.

A empresária tinha planos ambiciosos para sua recém-formada empresa e colocou seus novos recrutas numa situação completamente nova, sem nenhuma preparação ou ajuda, ensinando-lhes centenas de novas canções em apenas uma semana. Georgina ficou aterrorizada ("Eu achava que ia enlouquecer!"), mas agarrou-se com unhas e dentes ao novo emprego, e na medida em que sua confiança crescia, seu amor pelo trabalho também aumentava. Logo conseguiu uma franquia.

Mas sua vida como mulher de negócios durou pouco tempo. Agora estava casada, e as crescentes exigências do trabalho do marido a convenceram de abandonar tudo, a vender a franquia, a segui-lo para a Europa e a optar por tornar-se dona de casa em tempo integral. Nesse ponto, ela não tinha uma carreira condizente com sua opção de vida. Seu marido era economista, cuidava das finanças, e ela apenas concordava. Georgina aproveitou esse período longe de casa para dar uma pausa na música: "Eu estava exausta, minha voz estava desgastada, e encarei esse tempo como um descanso, deixando a música de lado".

Mas depois de três anos, eles voltaram à Austrália e Georgina restabeleceu seu trabalho parcial na escola de música:

> Minha empregadora, a proprietária da empresa, instigava-me a comprar uma franquia, mas eu ainda estava vivendo o modelo de dona de casa. Então, meu marido foi embora e nunca mais o vi.

Como você pode imaginar, essa mudança tão repentina nas circunstâncias da vida de Georgina deixou-a neurótica. Ela sofreu um forte abalo emocional, dominada pelos obstáculos que subitamente viu-se obrigada a enfrentar, incluindo a necessidade de pagar o aluguel. Mesmo assim, sua transformação de uma mulher passiva e dependente para outra, ambiciosa e independente, começou no momento em que o casamento acabou:

> Eu ganhava muito pouco, estava completamente quebrada e com o coração partido pela dor. Toda a minha vida tinha desmoronado e eu chorava no banheiro entre os intervalos das aulas, durante um ano inteiro! Até aquele

momento, não tinha ideia de que um coração machucado podia doer tanto. Mas também não tinha ideia do poder de cura da música e das crianças.

A NOVA GEORGINA

Como consequência daquela mudança de circunstâncias, Georgina foi obrigada a rapidamente transformar-se em alguém diferente:

Aprendi que você cresce muito depressa por causa de um rompimento, você quase explode. Passa a ser uma pessoa diferente a cada semana. Tive de aprender novas capacidades para seguir em frente, paralelamente aos aspectos emocionais. Foi um período de enorme crescimento pessoal. Os divórcios são complicados e muito técnicos para entender. Depois de dez anos em um relacionamento, o divórcio forçou-me a reaprender a independência. Tive de cuidar de coisas que eram atribuições de meu marido. Sempre evitei a responsabilidade de fazer essas coisas. Tive de pagar o advogado, entender a terminologia e as condições do acordo de divórcio, organizar as finanças, abrir nova conta no banco e financiar a compra de uma nova casa. Tudo isso foi transformador. Eram coisas que eu tinha capacidade de fazer, mas não sabia. Foi o maior aprendizado pelo qual passei e certamente pavimentou o caminho para comprar uma nova franquia e tocar meu próprio e bem-sucedido negócio.

A LISTA DO "NÃO POSSO FAZER"

Eventos graves, e muitas vezes traumáticos, como uma demissão, a perda de alguém próximo, um nascimento ou uma doença podem ajudar a clarear o que é importante na vida e o que desejamos.

Para Georgina, o divórcio acabou se resumindo em uma questão de sobrevivência. Em meio àquele tumulto emocional, ela foi obrigada a lidar com as coisas práticas do cotidiano, como, por exemplo, conseguir dinheiro para pagar o aluguel. Por causa da mera necessidade, foi capaz de fixar-se em como abordar os obstáculos, e ela fez isso de uma maneira absolutamente brilhante. Em vez de fazer uma lista do tipo "O que posso fazer", montou uma lista do que "Não posso fazer":

Eu me lembro especificamente de sentar e escrever uma lista de tudo o que não podia fazer. Todos os obstáculos que eu via: não entendia de finanças, fiquei com medo de dirigir no centro da cidade, não sabia como me responsabilizar pelo carro, não sabia como usar um computador. Mas dei uma reviravolta. Li sobre finanças, comprei livros, assinei o *Financial Times,* e aprendi sobre a bolsa e o mercado de ações. Todos os domingos escolhia uma nova rodovia aonde ainda não tinha andado e passava a percorrê-la de carro. Aprendi a estacionar de ré, a fazer baliza, a fazer conversões e, no dia em que consegui chegar até a ponte Westgate, comecei a gritar de alegria dentro do carro, porque não podia acreditar que estava dirigindo ali! A mulher no carro atrás de mim certamente pensou que eu era louca. Agora, eu dirijo o tempo todo. Você é capaz de aprender qualquer coisa, e hoje em dia procuro sempre me atualizar e vivo atrás de novos desafios. Neste ano, por exemplo, pretendo aprender a fazer aquelas coisas simples – trocar arandelas, torneiras, arruelas.

NA BEIRA DO ABISMO

Georgina estava em um período de baixa em sua vida, com pouca autoconfiança, mas teve a sorte de ter uma conselheira.

Os conselheiros ou mentores podem ser um ativo muito útil, dando sugestões, compartilhando suas experiências, seus contatos ou oportunidades. A mentora de Georgina foi sua empregadora, Jen, que a levou para jantar e forçou-a a enfrentar sua nova situação:

> Depois que meu casamento acabou, Jen perguntou-me com aquele seu jeito direto: "E então, o que você vai fazer agora?". Bem, chorei um bocado, mas Jen tinha um jeito especial de fazer você rir mesmo quando as coisas pareciam tão sombrias! Ela era uma pessoa admirável, que acreditava que as mulheres deviam cuidar de si mesmas. (Isso era algo que eu ainda estava aprendendo a fazer.) Eu me sentia parada à beira de um abismo e com apenas uma escolha: saltar para ver o que ia acontecer, ou ficar no mesmo lugar. Disse a mim mesma: "Qual é a pior coisa que pode acontecer?". Às vezes, você simplesmente precisa ter coragem. Jen foi o agente principal a me atirar da beirada do abismo – no bom sentido! No final do jantar, sofri uma completa reviravolta, recuperei minha confiança e comprei uma nova franquia. Não tinha a mínima ideia se conseguiria dinheiro para me sustentar, mas entrei nessa com meus pais e eles também me incentivaram a seguir em frente.

Convencida de que estava no fundo do poço, Georgina encarou o risco. Achava que não tinha mais nada a perder. Ela descreve aquela noite em particular como "salvadora" e como o ponto de virada que a impulsionou adiante:

> Você não tem ideia do quanto eu penso naquela noite, enquanto me vejo aqui, com um negócio próspero e que amo de paixão, ganhando mais do que jamais poderia imaginar. Comprei um apartamento que adoro e tenho a vida que sempre sonhei. Ainda vou morar com

meus pais por mais um ano, mas essa é uma decisão mais emocional do que financeira.

Todo o foco e toda a energia de Georgina concentraram-se em tornar sólido o seu negócio. Ela havia gerenciado uma franquia antes, por um curto período de tempo, mas agora não havia mais outra fonte de renda como uma rede de segurança. Esse negócio teria de dar certo.

O DESAFIO

Ela vivia com um medo constante do desconhecido e de que o negócio pudesse fracassar:

> Quando analisei a planilha dos três primeiros meses eu chorei, porque tinha faturado uma quantia irrisória por semana. Era óbvio para mim que, daquele jeito, as coisas não iriam funcionar, e então o que eu iria fazer? Liguei histérica para uma amiga e ela prontamente respondeu que eu devia superar, senão ela viria até mim pessoalmente para me matar!

Georgina foi forçada a aprender rapidamente novas competências empresariais, mas estava assustada com as questões administrativas e com as planilhas:

> Eu estava desesperada de início e preenchia todas as planilhas financeiras de forma errada. Mas ganhei confiança, eu sabia que era inteligente e que – droga, fosse qual fosse o problema, teria meios de resolvê-lo! Toda a vez que cometia um erro, baixava a cabeça e tentava de novo. Quando você se vê encurralado em um canto, é possível sair dali. Quando é preciso pagar o aluguel, você faz isso de algum jeito! Eu gritei um bocado no início, mas ainda estava superando o

divórcio e meu cérebro não estava funcionando direito. Demorou mais tempo para mim, eu era muito lenta para aprender as coisas e precisava de muito apoio. Eu não conseguia ganhar muito dinheiro, mas sempre fui muito honesta com a administração central e, como resultado, consegui manter um bom relacionamento com eles, e, em contrapartida, eles me deram todo o apoio de que eu precisava. Nos negócios, a reputação chega antes de você.

Ela sabia que teria de lidar muito bem com os clientes:

> Eu precisava tirar o traseiro da cadeira! As mães são pessoas ocupadas e têm pouco tempo. Eu precisava ser compreensiva com suas necessidades. Algumas delas são hesitantes, mas agora sou muito boa em vender o negócio e compreender a clientela. Manter esses relacionamentos significa a repetição de muitos negócios, o que é bastante importante, mas sinto também que você precisa gostar do que faz para poder vender um produto. Eu não sou o tipo de pessoa capaz de convencer as outras, a menos que sinta paixão pelo que faço. As mães têm um "radar apurado para bobagens", elas realmente não têm tempo para isso. As crianças são honestas e a mãe delas reconhece a honestidade, e isso é algo que eu preciso oferecer.

Sua estratégia foi dar incentivos e recompensas a si mesma:

> Coloquei todas as minhas energias no negócio para mantê-lo de pé. Eu sabia que isso levaria dois anos. Reforçava minha meta de 150 clientes todos os dias, na frente do espelho, para motivar-me. Mas fiz com que fosse divertido e premiava a mim mesma quando alcançava minhas metas, oferecendo-me um tratamento de pele, abrindo um champanhe ou tirando um fim de semana de folga. Eu queria

garantir que não ficaria alarmada e planejara uma série de incentivos para manter-me no caminho e desfrutar do processo. Alguém aconselhou-me de que é muito importante celebrar os sucessos de um novo empreendimento, caso contrário você vai esquecer aquilo que conseguiu quando as moedas começarem a diminuir.

O LEGADO DE SUA MENTORA

A mentora que inspirou Georgina, Jen, adoeceu e morreu de repente. Mas sua empresa continua a prosperar e suas palavras de encorajamento ainda são o combustível da motivação de Georgina:

> Aquela pequena empresa agora é uma instituição em Melbourne e temos muitas franquias na região. No dia em que Jen morreu, fui vê-la com um enorme grupo de professores que trabalhavam para ela. Algo me mudou para sempre naquele dia. Sempre tive a sensação de que aquilo que eu fazia não era bom o suficiente por não ter um diploma universitário. Jen tinha passado os últimos 20 anos dando aulas de música para crianças e, enquanto eu a via agonizante, encontrei-me pensando que, se algum dia eu pudesse dar um décimo do que ela deu às crianças, morreria feliz. Sua morte fez-me compreender quão precioso e importante é o trabalho de nossos professores. Para mim, a música é vital para a alma. Eu a preencho com a alegria dos sons puros e da harmonia. Quando estou ensinando, algo toma o controle. Quando estou ensinando, sinto-me na máxima felicidade e nem consigo acreditar que sou paga para fazer isso.

Georgina tem o seu trabalho dos sonhos: tocar um negócio próspero fazendo aquilo que adora. E ela conseguiu isso ao estabelecer suas paixões na vida e persegui-las. Quando a vida lhe atirou pedras, Georgina manteve-se firme, e, com o apoio dos amigos e da família, não desistiu. Em alguns momentos na vida, ter coragem e correr riscos é necessário para concretizar uma mudança: "Se você não tentar, jamais saberá", diz Georgina. Recentemente, ela teve uma reunião crucial com seu contador para discutir a situação financeira da empresa e avaliar se poderia continuar: "Eu estava doente antecipadamente, nervosa demais. Estava preocupada, com medo de perder meu apartamento e não sabia o que mais eu poderia fazer. Quando ele me disse quanto eu havia ganho, mesmo com o pagamento dos impostos, percebi que era muito mais do que jamais sonhei. Não apenas eu poderia manter meu padrão de vida, mas ainda seria capaz de comprar um apartamento. 'Eu te amo', gritei ao meu perplexo contador, 'este é o melhor dia da minha vida!'".

OS CONSELHOS DE GEORGINA

1. A mudança não precisa ser tão repentina e dramática como acabou sendo para mim. Se eu tivesse tido escolha, teria feito as mudanças de modo mais gradual em vez de mergulhar de cabeça em um novo negócio.

2. Se você estiver preso em algo de que não gosta, em vez de cair fora imediatamente, por que não começa, de início, a deixar de ir um dia por semana? Pense com calma e avalie o que for mais viável para você. Preste atenção nas competências que tem. Sempre existem habilidades com as quais você pode contar.

3. Se você estiver irritado por causa da rotina, procure galvanizar a raiva e utilize-a como impulso para avançar.

CONTAGEM REGRESSIVA PARA SEU EMPREGO DOS SONHOS
Aconselhamento de carreira por Carole Ann

Jenni foi sábia o suficiente para perceber que a sociedade está errada ao perguntar rotineiramente "o que fazemos?" em vez de "o que gostamos de fazer?". Observe como toda a perspectiva de se enfrentar uma mudança torna-se menos opressiva para nós quando nos perguntamos o que pode nos motivar.

Considerando que temos um limite de anos a trabalhar, por que essa jornada não é de alegria e aventuras, e não apenas uma questão de segurança e de dever?

Quando se trata de escolhas, a maioria das pessoas vota pela infelicidade em vez da incerteza. As probabilidades são desfavoráveis. O desconhecido pode muito bem nos trazer os desejos do coração, mas isso envolve riscos. Já o padrão antigo nos traz quase 100% de segurança.

O que nos congela naquele lugar "seguro" e de infeliz familiaridade é que nosso cérebro nos leva rapidamente para o pior cenário possível, onde as histórias de horror e de fracasso, rejeição e catástrofe são exibidas na tela IMAX de nossa mente e nos "grudam" no mesmo lugar.

Mas na história de Georgina, um dos piores enredos realmente aconteceu. Seu marido foi embora, deixando-a mal equipada com as competências essenciais da vida, como ser capaz de dirigir um carro ou consertar um encanamento, e ela enfrentou uma grave desaceleração. Ela nem mesmo sabia como poderia pagar o aluguel.

Mesmo nessa situação, talvez a pior que já tenha se encontrado, seus instintos de sobrevivência deram sinal de vida, aprendeu novas habilidades e sintonizou-se com um negligenciado manancial de tenacidade, coragem e fortaleza.

Se você já enfrentou uma das piores situações, pense em tudo o que poderia ser feito para tirá-lo dela. Quais poderiam ter sido os benefícios ocultos e os resultados positivos possíveis desse tipo de experiência? O que você poderia aprender?

O PLANO DE AÇÃO DE CAROLE ANN

1. Avalie o que pode estar impedindo você de ir atrás das mudanças.

2. Se você realmente quer essas mudanças, então arrume tempo e espaço. Se você se considera "oprimido no trabalho", lembre-se de que até mesmo isso é uma escolha. Você trabalha dessa forma quando se sente impotente, quando o dia parece não ter horas suficientes, e você nem pode respirar por causa de todas as coisas que tem de fazer. Parece que circunstâncias externas estão conspirando contra você. Então, seja responsável por essa opressão. Quais são as opções que você pode criar agora e o que pode ser simplificado, ou para que você pode simplesmente dizer não? O que poderá lhe dar o espaço de que você precisa? Pare de se esconder e descubra uma rota de fuga.

3. Pare de se alarmar. Dê um tempo a si mesmo e reescreva suas convicções negativas. Se você está acreditando que "é inútil, que vai falhar", então reprograme seus pensamentos com um mantra mais estimulante – por exemplo: "Basta-me saber que serei bem-sucedido" – e aja como se isso fosse verdade, assim muito em breve você acreditará nisso, e todos à sua volta também.

4. Encontre um tempo para manter um diário do tipo "O que há de bom em mim". Anote tudo o que você já conseguiu de bom, desde ser um amigo leal até suas conquistas na escola ou no trabalho. Pergunte a seus

amigos quais são seus pontos fortes e comece a recolher as evidências positivas sobre si mesmo, às quais poderá um dia recorrer quando estiver se sentindo por baixo. Então, passe a acreditar nisso.

5. Quando estiver se preparando para a mudança, que tal começar a economizar? Quais os sacrifícios que está disposto a enfrentar para conseguir chegar àquilo que está imaginando conseguir? Você consegue aumentar seus rendimentos vendendo coisas em um site ou numa loja de automóveis? Faça economia usando sites de reciclagem e peça emprestado os livros ou os equipamentos que pode precisar em sua nova carreira.

6. Não se debata! Como poderá tornar esse processo mais fácil, divertido e agradável? Se você considerar que está apenas investigando as mudanças, será que isso eliminaria o desespero da situação?

CAPÍTULO 4
O QUE É QUE VOCÊ QUER? QUAIS SÃO SEUS VALORES?

> *Seu trabalho vai preencher grande parte de sua vida, e a única maneira de ficar verdadeiramente satisfeito é fazer aquilo que você acredita ser um bom trabalho, e o único modo de se fazer um bom trabalho é amar aquilo que você faz. Se você ainda não o encontrou, continue a procurá-lo, e não se acomode. Como acontece com todos os assuntos do coração, você saberá quando descobri-lo."*
>
> Steve Jobs, Apple[7]

Em seu discurso aos formandos de 2005 da Universidade de Stanford, Steve Jobs descreveu o momento em que deixou de ir à faculdade, desobrigando-se de frequentar aulas de que não gostava e começando a participar de algo que realmente despertava-lhe o interesse – as aulas de caligrafia, o que foi apenas o começo. Naquela época, disse ele, isso não tinha nenhuma aplicação prática e não fazia muito sentido, a não ser satisfazer sua curiosidade e seus próprios interesses. Dez anos mais tarde, ele constituiu a base da tipografia e das fontes do Macintosh.

Em seu discurso, Jobs menciona a importância de "ligar os pontos":

> É claro que era impossível ligar os pontos olhando para adiante quando eu ainda estava na faculdade, mas isso tornou-se muito, muito claro quando olhei para trás dez anos mais tarde... Você só consegue conectar os pontos ao olhar para trás, então é preciso ter confiança de que eles irão se ligar de alguma maneira em seu futuro. Você precisa confiar em algo – em sua coragem, em seu destino, em seu carma, seja lá o que for –, porque acreditar que os pontos se conectarão em seu caminho irá dar-lhe a confiança necessária para seguir seu coração, mesmo que ele o leve para fora daquele caminho bem pavimentado, e é isso que irá fazer toda a diferença.

Jobs desistiu da faculdade para procurar algo que lhe fosse atrativo. Ele não estava bem certo do que poderia ser e, em sua busca, não tinha ideia de como tudo acabaria se juntando no final. Ele apenas foi atrás do que lhe interessava, com a esperança de que algo iria aparecer. Sua história é de um sucesso espantoso. Mas, assim como os pontos altos, ela tem também uma porção de pontos baixos.

SEUS VALORES

Sua busca pela verdadeira vocação pode ser facilitada se você estabelecer seus valores. Muitas vezes, trabalhamos em organizações cujos valores não se casam com os nossos. Quando você trabalha em um ambiente onde se sente chateado, ansioso ou incapaz de se adaptar, pode ser que essa empresa esteja em um completo conflito com seus próprios valores. Isso leva à infelicidade, o que não quer dizer, entretanto, que os valores da tal organização sejam errados, mas apenas que você está se debatendo na tentativa de fazê-los ter algum sentido para si.

Se você descobrir quais são seus valores pessoais e, então, trabalhar em conjunção com eles, irá operar em seu ápice, e você ficará mais energizado. Trabalhar em conjunção com eles fará você sentir-se muito bem. É isso o que acontece quando as pessoas dizem "estou cansado, mas feliz". Elas não se importam com as longas horas de trabalho porque estão fazendo algo que adoram.

UM EXERCÍCIO SOBRE OS VALORES PESSOAIS

Permita-me apresentá-lo a um exercício que vai ajudá-lo a identificar os *seus* valores, a identificar o que você gostaria de fazer naturalmente e que lhe vai dar energia e contribuir para que você se sinta mais perto de si mesmo.

1. Identifique e rememore cinco momentos ao longo das últimas semanas em que você se sentiu verdadeiramente feliz e em paz. Em seguida, tente formular uma maneira simples de expressar isso como um valor.

Meus momentos, por exemplo, incluíram:

- **Visitar uma galeria de arte inspiradora, desejando que eu fosse capaz de pintar.**

Meu valor: *ser inspirado.*

Eu preciso sentir-me inspirado com regularidade. Isso me diz que trabalhar sozinho em um escritório, sem compartilhar ideias, não funcionaria para mim, pois me impede de satisfazer a minha necessidade de ser e de me sentir inspirado. Quando procurar por um ambiente de trabalho ideal, adicione tal conhecimento.

- **Conversar com um novo entrevistado.**

Meu valor: *aventura e descoberta – em mim e em outras pessoas.*

Eu preciso vivenciar e aprender algo novo com regularidade e adoro ouvir histórias de outras pessoas fazendo o mesmo que eu. Criar este livro me dá exatamente isso.

- **Andar de bicicleta até o trabalho.**

Meu valor: *liberdade e autonomia.*

Evitar o engarrafamento me dá um verdadeiro sentimento de independência. Ser assistente de alguém não me parece direito. Eu preciso de autonomia e da oportunidade de controlar meus próprios projetos, de organizar o meu próprio trabalho.

- Cozinhar e assar.

Meu valor: *criatividade*.

A criatividade vem de muitas formas diferentes. Eu, por exemplo, aprecio a criatividade nos outros, mas também preciso de uma válvula de escape para a criatividade.

2. Após ter destacado as coisas de que você mais gosta na vida e que lhe dão o mais profundo sentimento de realização, pergunte a si mesmo:

- **O que essa lista de valores diz sobre mim?**

Se você gosta de jogar futebol todos os sábados, isso significa que gosta da rotina? Ou será que quer dizer que gosta de estar com as pessoas? Ou gosta do trabalho em equipe? Ou esse é apenas um exercício?

- **O que essa lista diz sobre mim no contexto do mundo profissional?**

Você precisa estar no comando, ou prefere estar nos bastidores? Você precisa de prazos? Tem necessidade de pessoas ao seu redor ou precisa de paz e sossego? (O tipo de ambiente em que trabalha pode ser tão importante quanto o trabalho que realiza.)

3. Escreva seus cinco principais valores e mantenha-os com você. Tente obter algumas maneiras de trabalhar dentro de seus valores para conseguir a máxima felicidade. Se, por exemplo, você decidir que responsabilidade, independência e liberdade são valores fundamentais, ficar preso numa mesa com um chefe controlador demais não vai dar certo com você.

DICA NOTA DEZ
Mantenha seus valores no cerne daquilo que você faz.

OBTENHA PRAZER EM SUA VIDA

Arranje um tempo em sua vida para os elementos que agora você sabe de que gosta! Isso é um pouco óbvio, mas você reserva algum tempo toda semana para aquelas coisas positivas que sabe de que gosta? Escrever? Tocar? Correr? Socializar-se?

Se a criatividade surge como algo que é importante para você, mas atualmente tem sido negligenciada, reflita sobre como você pode trazê-la regularmente para seu cotidiano. Talvez seja através de aulas de arte ou quando você toca um saxofone. Ou, quem sabe, por meio da culinária, de viagens, decorando sua casa, preparando uma festa.

Qual é a melhor maneira para você conseguir expressar sua criatividade? No trabalho, talvez seja resolver problemas, conseguir extrair o melhor de alguém, motivar uma equipe. Ou, quem sabe, usar a hora de almoço e outras pausas no trabalho de maneira criativa.

EQUILÍBRIO

A criatividade é tão importante para você que tem de ser o ponto central de seu trabalho? Ou você descreveria sua criatividade como algo intermitente? É vital conseguir o equilíbrio correto. Você adora melodrama: será que vai gostar realmente de dar um pontapé no seu emprego e de tornar-se ator, por exemplo? Em caso afirmativo, vá atrás disso. Mas caso você precise apenas de um pouco de aspectos melodramáticos em sua vida, tente antes participar de um grupo de teatro de sua região. Experimente o equilíbrio.

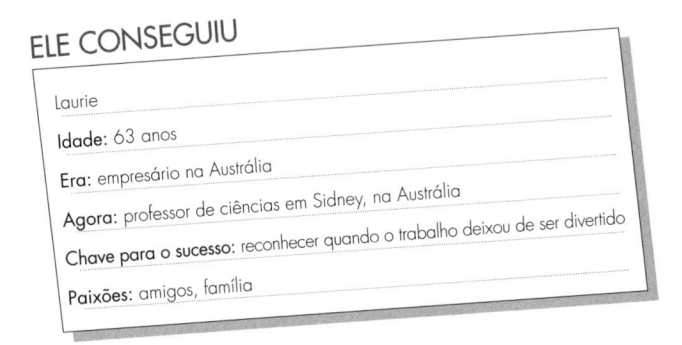

> **ELE CONSEGUIU**
>
> Laurie
>
> **Idade:** 63 anos
>
> **Era:** empresário na Austrália
>
> **Agora:** professor de ciências em Sidney, na Austrália
>
> **Chave para o sucesso:** reconhecer quando o trabalho deixou de ser divertido
>
> **Paixões:** amigos, família

Aqui está uma história sobre alguém que teve uma gratificante carreira nos negócios, mas que começou a reavaliar o seu papel e suas contribuições na vida.

Laurie é australiano e vive em Sidney. Quando criança, seu interesse em física levou-o a graduar-se em ciências, antes de tornar-se chefe de pesquisas em um grande laboratório industrial de uma das maiores empresas de manufatura de vidro da Austrália. Nessa empresa ele trabalhou com problemas relacionados com as propriedades desse material e com a energia térmica de fornos de vidro. Ele realmente gostava desse trabalho. Tal como muitas outras pessoas de sua geração, ele permaneceu nessa empresa durante muito tempo e estava bastante feliz. Viajava pelo mundo, foi promovido e sentia-se capaz de continuar pesquisando sobre o assunto em que era muito bom.

Então, com 46 anos de idade e com cinco filhos pequenos, Laurie deixou a companhia na qual tinha permanecido por mais de 20 anos e voltou a estudar para tornar-se professor.

Cinco filhos! Isso é que é um tremendo compromisso financeiro. Ainda assim, ele deixou um trabalho muito bem pago, mudou de rumo totalmente, começou de novo praticamente do zero e até optou por um ano sem salário. Mas como ele conseguiu fazer essa mudança? E o que foi que aconteceu que transformou esse movimento na jogada correta? Para compreender a decisão de Laurie, e sua sabedoria, é preciso que se entenda como ele "funciona", que tipo de homem ele é, quais são seus valores, seus pontos fortes e suas fraquezas. Laurie achava profundamente gratificante trabalhar para aquela empresa; ele era competente e sentia-se reconhecido. Vários trabalhos diferentes vieram em sua direção. Ele não precisava batalhar pelas promoções. Recebeu uma sucessão de variadas, interessantes e gratificantes ocupações em diferentes cidades:

> Depois de mais de três anos nessa companhia, fui selecionado no meio da multidão e enviado para o escritório de Londres como executivo técnico. Naquele trabalho, recebi o encargo de investigar várias coisas na Europa. Se havia algo acontecendo, eles pediam-me que fosse verificar e que fizesse um relatório para a Austrália. Como você pode imaginar, era um trabalho fabuloso, que me permitiu viajar com frequencia para a Holanda, França, Espanha, Alemanha e por toda a Inglaterra e o País de Gales. Eu adorava isso imensamente, mas depois de dois anos tive de voltar e obtive um cargo de químico-chefe na fábrica de garrafas em Melbourne. Fiquei lá por vários anos. Depois disso, fui transferido para Sidney, ocupando o mesmo cargo, mas numa fábrica maior.

Sempre que ele expressava interesse em um novo campo, seus patrões o ouviam e lhe davam uma nova posição com a oportunidade de adquirir novas competências. Na história de Laurie, existe uma constante sensação de recompensas e desenvolvimento dentro de uma bem-sucedida e bem dirigida empresa.

Isso soa como o lugar ideal, não é? Nessa fase, Laurie não tinha absolutamente nenhuma razão para sair. Seu ambiente de trabalho era amigável, solidário e gratificante. Como Laurie mesmo admite, ele não é alguém especialmente ambicioso e, todavia, alcançou o nível de ser "uma pessoa muito responsável":

> Eu fiquei lá por mais de 20 anos. Era um funcionário bastante conhecido e me sentia à vontade naquele ambiente. Era uma empresa que eu entendia muito bem. Tinha suas políticas, planos trianuais, planos quinquenais. Uma empresa com um conselho de administração em que muitos deles eram meus conhecidos – incluindo vários de seus principais executivos.

Como ele diz, a empresa chegou a ter 25 mil funcionários, mas era como estar "numa família".

Mas a bolha estourou quando a empresa experimentou uma série de aquisições. A paisagem começou a mudar, o *ethos* mudou com ela e o estilo de gestão tornou-se mais parecido com uma degola em massa:

> De repente, tudo isso quebrou o conforto da companhia, que subitamente passou a ser dirigida por gestores cujo estilo era agressivo. Eles eliminaram os planos de cinco anos e descartaram as políticas da empresa, tudo porque as avaliaram como restritivas. Sua filosofia era de simplesmente maximizar os lucros. Faça imediatamente, faça isso hoje, e se tivermos de mudar algo a fim de aumentar os lucros amanhã – então que assim seja.

As responsabilidades de Laurie como dirigente começaram a mudar também. Ele voltou a ser chefe do laboratório de pesquisas onde havia começado, mas agora precisava reduzir-lhe o tamanho. Na verdade, ele precisava demitir um monte de gente. Essa forma de trabalhar era estranha para ele. Na verdade, tudo o que valorizava em seu ambiente de trabalho começava a escapulir. Antes, sentia-se à vontade, agora sentia-se cada vez mais incomodado.

Foi quando ele passou a se perguntar se realmente queria continuar dedicando sua vida a fazer a garrafa perfeita:

Comecei a perceber, acho até que com um choque considerável, que o fato de eu ter trabalhado lá por tanto tempo não garantia que minha posição fosse valorizada. De repente, encontrei-me envolvido em reduzir pessoal, em considerar quais poderiam ser demitidos etc. A maior mudança atingiu-me quando tornou-se evidente que o grande laboratório de pesquisa que eu dirigia iria mudar-se de Sidney para Melbourne. Eles supunham que eu me mudaria também, provavelmente porque eu já havia trabalhado em Melbourne antes. Mas, na época, disse a meu chefe: "Bem, você sabe, caso esteja pensando em me demitir, talvez eu não me importe tanto". E ele respondeu: "Não, certamente não". Mas, algumas semanas depois, o tal chefe procurou-me e perguntou: "Sabe aquilo que você me disse no outro dia? Como vê aquela situação?". Então, fui obrigado a escolher se gostaria de mudar para Melbourne ou de ser demitido. Meu filho mais velho estava terminando a escola e o mais novo tinha menos de um ano. Estávamos muito bem situados em Sidney.

Então Laurie tomou uma grande decisão e optou pelo desligamento.

A demissão, seja forçada ou voluntária, é sempre uma enorme mudança. "Foi um grande risco", diz Laurie. "Eu não sabia onde isso ia acabar." Mas, na época em que tomou a decisão de ir embora, Laurie tinha feito várias coisas que tornaram a transição menos arriscada. Ao levar em conta algumas coisas simples e óbvias, mas fundamentais, o que parecia enorme e assustador tornou-se pequeno, administrável e, em última análise, algo bastante realista.

- Fator 1 – sua capacidade de pensar positivamente. Ele sentiu que poderia usar essa oportunidade para fazer uma mudança construtiva na vida: "A compreensão veio quando percebi que poderia haver algo melhor para fazer".

- Fator 2 – sua capacidade de analisar, refletir sobre o assunto e responder com sua experiência e comportamento. Em algum nível inconsciente, talvez ele estivesse refletindo e preparando-se para esse movimento, porque agora percebera que já tinha uma ideia do que escolher como uma nova carreira.

Não era um plano que eu tivesse há muito tempo, apenas algo sobre o qual refleti bastante. Eu tive, nos últimos dois anos, mais ou menos, um pouco de experiência ao acompanhar um amigo em seus estudos de química, além de ajudar outras pessoas, e eu sentia que poderia ter a habilidade de passar uma mensagem. Parecia-me que o que eu transmitia era muito bem recebido. Então, pensei que ta vez eu tivesse a capacidade de ser um bom professor.

Então, antes de deixar o emprego, Laurie teve um pressentimento sobre o que poderia fazer ao dar uma olhada no seu passado. Ele também havia vivenciado uma experiência recente que o fez sentir-se confiante sobre suas competências necessárias para a nova profissão.

- Fator 3 – a constituição moral de Laurie. Ele achava que dar aulas seria algo bom para se fazer. Não apenas para ele, mas num sentido mais amplo.

O grande fato que me levou a isso foi querer envolver-me com as pessoas, e eu queria fazer algo por elas. Eu tinha a ideia, talvez quixotesca, de que, sendo professor, talvez pudesse moldar a mente dos jovens e, também, por causa de minha experiência na indústria, talvez pudesse aconselhá-los sobre suas opções de carreira. Eu tinha boas intenções.

- Fator 4 – sua preparação. Laurie pesquisou o mercado. Ele descobriu que o governo da Nova Gales do Sul estava fazendo uma seleção para formar novos professores. Fez algumas pesquisas e concluiu que estava apto para receber essa subvenção para a sua formação docente.

- Fator 5 – o dinheiro da indenização. Foi suficiente para proporcionar segurança para sua família durante pelo menos um ano, e depois disso ele teria de encontrar um outro emprego se o trabalho como professor não desse certo. Ele planejara usar parte do dinheiro para pagar as prestações da hipoteca e, assim, sua família teria pelo menos a segurança de uma moradia. Todavia, será que Laurie estava apreensivo com relação a uma mudança tão grande nessa fase de sua vida?

Claro que sim. Eu tinha cinco filhos, um dos quais era muito novo. Eu estava renunciando a um salário substancial e indo para o campo do ensino, que era pouco lucrativo, financeiramente falando.

- Fator 6 – o apoio essencial (para ele) de sua família.

Minha esposa Marie foi bastante favorável ao que eu estava fazendo e gostou imensamente do fato de eu sair da empresa que havia engolido minha vida durante tanto tempo. Ela estava ao meu lado quanto aos meus ideais.

Com tais fatores em vigor, Laurie sentiu-se mais confiante em relação à mudança. Ele sentia-se bem: "Saí da empresa e embarquei em minha nova carreira, minha segunda vida".

O que Laurie desejava do trabalho era estímulo intelectual e variedade, dentro de um ambiente seguro, onde pudesse interagir e encontrar apoio de outros. Ele não estava impulsionado por ambição pessoal, e era mais reativo do que proativo. Mas gostava de certo grau de responsabilidade e, ao longo do tempo, provou o seu valor naquilo em que trabalhava e ao qual sentia-se pertencer.

Os quatro fatores que lhe deram confiança para fazer uma mudança de carreira foram:

1. Mudanças no ambiente de trabalho que "quebraram o conforto".
2. Seu desejo de realizar um trabalho válido.
3. Uma indenização substancial, que forneceu alguma segurança para sua família.
4. O apoio familiar.

Laurie realizou uma enorme mudança, mas foi capaz de suportá-la porque adorou a oportunidade de estudar de novo, de voltar a dialogar com o material intelectual. Também se beneficiou do convívio com os jovens e do companheirismo de trabalhar com outros estudantes:

> Voltar à universidade numa idade madura e ter tempo de verdade para me sentar em uma biblioteca, pesquisar coisas e lidar com assuntos científicos foi fantástico! E eu

não era o aluno mais velho – havia outro ainda mais velho! A maioria deles estava com seus 20 anos, mas formávamos um bom grupo. E gostei imensamente de estar ali.

Ele formou-se e conseguiu um emprego como professor de ciências em Sidney. Mas como se sentiu fazendo a transição de ser executivo por mais de 20 anos para trabalhar como professor recém-formado? Não foi fácil. Ele achou o trabalho em si difícil e desafiador:

> Eu descobri que preparar as aulas era extremamente árduo e tinha grandes dificuldades em controlar a classe, e também com o lado disciplinador das coisas. Embora eu tivesse um bom apoio dos professores do departamento de Ciências, preciso confessar que, depois de um ano e meio, ainda tentava entender o que estava fazendo.

Infelizmente, ele não encontrou um ambiente de trabalho lá muito agradável:

> Embora houvesse um bom corpo docente, não existia qualquer sentimento especial entre os colegas e estávamos todos trabalhando em conjunto para realizar um trabalho diferente. Não havia entendimento, da parte dos alunos, de que estávamos os ajudando e também não existia nenhum apoio dos pais. Era uma escola estadual numa região operária, onde a maioria dos alunos saía aos 15 ou 16 anos para fazer uma escola técnica. A maioria não chegava à universidade.

Enquanto estava no mundo empresarial, Laurie tinha sempre trabalhado num ambiente recompensador e incentivador. Ele não sentia que aquela escola lhe oferecia isso. Foi então que começou a ter restrições quanto a sua nova carreira:

Se eu tinha dúvidas? Sim. Eu não estava conseguindo muita satisfação com aquilo que fazia. Era um trabalho realmente árduo, e eu trabalhava muito mais do que eu conseguia me lembrar em minha rotina anterior! Então, acho que estava começando a duvidar de que havia tomado a decisão certa.

Para conseguir satisfação no trabalho, Laurie sabia que precisava de três fatores – apoio, sentido de equipe e colegas com a mesma percepção. Depois de ter feito uma aposta e estudado novamente, havia acabado num emprego do qual não gostava particularmente.
Então, ele se deu uma outra oportunidade. Ele conhecia duas pessoas em outra escola, um amigo e um primo, e ambos sugeriram que ele se candidatasse a um emprego lá. Mais uma vez, Laurie não tomou a iniciativa e saiu procurando por uma mudança. A escola em que tinha desembarcado não lhe dera o que ele queria, e foram outras pessoas que o fizeram refletir sobre mudar as coisas:

Então, escrevi para aquela outra escola, um grande colégio jesuíta em Sidney. Detalhei minhas qualificações. Eu disse "este sou eu" e "são estes os motivos pelos quais deveriam me contratar". Pareceu-me que deu certo. Recebi uma resposta do vice-diretor que me pediu que eu fosse até lá para conversar com ele. Mais tarde, algumas semanas depois, fui convidado a me encontrar com o diretor. Foi o que fiz, e eles pareciam estar interessados em mim, mas naquela altura não havia um emprego disponível. Então, três ou quatro meses mais tarde, eles me contataram e perguntaram se eu ainda estava interessado. Mas alertaram: "só podemos garantir-lhe um trabalho por nove meses por causa de uma licença-maternidade e substituindo alguém que estará fora – mas adoraríamos tê-lo conosco e veremos o que acontecerá depois disso".

Então, essa foi mais uma decisão importante para mim. Devo deixar a segurança de meu emprego e ingressar numa outra escola por um emprego que pode apenas ser temporário? Não demorou muito tempo para eu descobrir que "sim, é uma boa ideia, é isso que eu quero fazer". Com o apoio de minha esposa, deixei a escola estadual e assumi o risco ao ingressar no colégio Santo Inácio.

Em sua busca por algo que preenchesse um *ethos* semelhante a seu próprio, Laurie assumiu o risco. Ele poderia ser dispensado depois de nove meses. Mas a escola parecia promissora, depois das pesquisas que havia feito. Como esse novo trabalho podia ser comparado ao anterior?

Bem, que diferença. No colégio Santo Inácio havia pessoas mais acolhedoras e amigáveis, que se encontravam, conversavam umas com as outras todos os dias, na sala dos professores, na hora do chá, pela manhã, na hora do almoço, e havia um enorme sentimento de camaradagem entre todos. Estávamos todos fazendo o mesmo trabalho – a saber, fazendo o melhor que podíamos para os garotos da escola. Era bastante comum os professores de Ciências conversarem com os professores de Arte, com os professores de História etc. – compartilhar experiências, compartilhar projetos e melhores métodos de ensino para os alunos. Havia uma grande oportunidade em partilhar ideias sobre o que seria melhor para os meninos. Essa sensação de que todos os membros estavam trabalhando juntos para assegurar o melhor resultado era tremendamente reanimadora. Os meninos queriam estar na escola, um pouco relutantes, mas não muito. Eles reconheciam que estavam lá para aprender. E os pais apoiavam e se interessavam mais em saber o desempenho dos filhos. Lembre-se de que, com as mensalidades que eram cobradas, isso provavelmente não seria uma surpresa! Eu apreciei a mudança: era uma tremenda diferença estar trabalhando em um ambiente cristão, estar com pessoas que queriam estar lá, compartilhando essa grande aventura que é educar as crianças. Portanto, aquilo era finalmente o que eu tinha pensado sobre o que seria ensinar. E eu me deleitei com isso. Ainda precisava trabalhar duro. Era uma escola bastante exigente em termos das disciplinas escolares, em termos de esporte e de outros compromissos escolares, incluindo funções pastorais.

A aposta de ter deixado o outro trabalho também foi recompensada quando, depois dos nove meses, a escola foi capaz de oferecer a Laurie um emprego de tempo integral. Até hoje, ele ainda está lá e adorando.

Laurie encontrou alunos e professores com mentalidade semelhante e essa foi a chave para ele começar a apreciar o seu trabalho como professor. Como executivo, ele sempre estivera em ambientes positivos e apoiadores. Quando isso mudou, ele partiu. Trabalhar numa escola que não compartilhava de suas mesmas esperanças e valores sobre a profissão fez-lhe questionar sua adequação para o trabalho. Mas quando se transferiu para uma nova escola, que espelhava suas próprias crenças sobre o que é ser professor, foi-lhe permitido estabelecer-se e ter prazer com o trabalho. Emprego correto, ambiente errado. Laurie passou a investigar áreas particulares de trabalho que ele pensava serem gratificantes. Foi isso que lhe permitiu conhecer os meninos e suas famílias e cuidar de seu progresso e bem-estar.

Outra característica da história de Laurie é sua fé cristã. Nos momentos mais difíceis, ele se agarrou à fé em Deus. Você pode ou não ser religioso, mas é preciso que obtenha confiança e fé em algum lugar – talvez com seus amigos ou familiares, com seu mentor espiritual, ou simplesmente com seu instinto e experiência de vida acumulada. Seja como for, isso irá ajudá-lo a depositar confiança em seu futuro e afastá-lo um pouco dos medos.

OS CONSELHOS DE LAURIE

1. Sou feliz por ter tido a oportunidade de atuar em duas carreiras diferentes. A primeira me rendeu os pagamentos mais altos e me deu a oportunidade de cuidar da família, de comprar uma casa e de nos estabelecermos. Eu não sei como teria conseguido isso se tivesse sido professor por toda a minha vida.

2. Creio ter sido muito abençoado por ter tido a oportunidade de mudar de trabalho na meia-idade. Faria isso novamente? Sim, acho que sim! Tem sido uma grande viagem e eu não sabia que ia ser assim quando saí da escola ou da universidade. Certamente nada foi planejado. Apenas aconteceu.

3. Acredito que se você aproveitar a oportunidade quando ela surgir e abraçar a segunda carreira com uma atitude aberta e sem preconceitos, com um desejo de fazer isso direito, assumir as pancadas e seguir em frente, então eu acho que a felicidade acontecerá.

A vida de Laurie é dominada pelo trabalho, mas também pela família. Ele acha ambas imensamente gratificantes. Em contrapartida, gostaria de apresentar Jason, que teve a oportunidade de trabalhar na empresa familiar, mas precisou sair e encontrar seu próprio caminho. Para fazer isso precisamente, ele subiu em sua moto.

ELE CONSEGUIU

Jason
Idade: 38 anos
Era: empreiteiro, no Reino Unido
Agora: fotógrafo, na Índia
Chave do sucesso: encontrar primeiramente um modo de vida
Paixões: música, fotografia, motos

Jason é fotógrafo *freelancer*. Ele é britânico, mas vive na Índia. Para entender os seus motivos, você primeiro precisa entendê-lo, e acima de tudo, compreender seus valores. Evidentemente, a verdadeira chave para a escolha do estilo de vida e de trabalho de Jason foi que ele próprio entendeu a si mesmo e, acima de tudo, seus valores.

Então, que tipo de pessoa é Jason? Ele é magro, musculoso, intenso e apaixonado. Adora cozinhar, ter experiências sensoriais e não gosta de saber o que virá a seguir:

> Sempre fui muito forte, confiante, aventureiro e autossuficiente. A ideia de me estabelecer em algum lugar sempre me apavorou, juntamente com o pensamento de ser obrigado a limitar aonde ir e por quanto tempo permanecer. Talvez seja um pouco uma forma egoísta de se viver, mas é desse jeito que eu me sinto mais forte. Eu sempre vivi em um mundo muito autocontido, mas nem todo mundo pode fazer isso. Talvez eu tenha tido apenas um pouco de sorte, talvez nunca me case, ou nunca tenha muito dinheiro, e pode ser até que eu morra jovem, mas estou disposto a perder tudo o que tenho em troca de minhas experiências e de minha felicidade.

Jason tem um espírito muito independente e precisa sentir-se livre e solto:

> Eu saí da escola com notas baixas em Arte e em marcenaria. Para começar, trabalhei para meu pai, e estudei e trabalhei em carpintaria e soldagem. Mais tarde, fui trabalhar em paisagismo na universidade, depois em restaurantes e, mais tarde, vendendo coisas em diferentes mercados de Londres. Com 17 anos, quando comprei uma Triumph Bonneville para viajar pela Europa, tornou-se um problema permanecer em um único lugar – muita coisa para ver e pouco tempo para conhecer tudo.
>
> Mas, depois de um período na universidade estudando Administração, e de quatro anos de relacionamento, ele e a namorada precisavam de um crédito hipotecário. Foi quando ele acabou por estabelecer-se e começou a trabalhar com corretagem imobiliária:

> Como eu odiava aquele emprego. A vida entrou em câmera lenta e todo dia era uma batalha. Minha carta de demissão estava dentro da gaveta de minha mesa desde o primeiro dia. Eu fui trabalhar de moto usando jeans, comprei um terno velho em uma loja beneficente e levava os clientes interessados no carro do gerente para longas voltas na região. No dia em que consegui o meu crédito imobiliário, saí e nunca mais voltei. Mas foi uma parte importante do processo, para saber em que direção realmente não desejava ir.

Ele roupeu o namoro e comprou uma passagem para a Índia. Jason desapareceu nas montanhas, fazendo passeios e explorações. Foi um período de descanso e reflexão:

Acabei vendo-me flutuando nas águas quentes do oceano Índico e contemplando os bosques de palmeiras e as montanhas, perguntando-me como eu poderia ter um trabalho que me permitisse passar a maior parte do tempo em lugares tão belos e calmos. Isso foi há cinco anos, depois de ler uma variedade de livros de Krishnamurti para poder perceber como conseguir o que queria. Para mim, vida e trabalho são a mesma coisa. Meu estilo de vida veio antes, então a necessidade de ter dinheiro veio mais tarde. Leva tempo para você se estabelecer no campo escolhido, mas depois a sensação é incrível.

A viagem para a Índia foi uma experiência marcante e reorientadora:

Ela me expôs a questões que me causaram um profundo efeito. Nunca realmente havia percebido que as coisas poderiam ser assim tão ruins. Foi um grande despertar. Eu tinha saído de um Ocidente que eu achava estéril, de um ambiente burguês, para a loucura do Oriente e sua constante estimulação dos sentidos – algumas boas, outras ruins, mas sempre proporcionando interação com o ambiente. Uma vez que experimentei isso, passei a querer mais.

Sem quaisquer planos futuros, na época Jason voltou ao Reino Unido para trabalhar e ganhar dinheiro. Permaneceu por quatro anos junto a uma empresa de jardinagem. Era um trabalho físico, ao ar livre e que lhe deu a flexibilidade para viajar durante o inverno. Ele ainda estava procurando descobrir onde realmente gostaria de estar e o que queria fazer. Sabia que logo partiria. Estava apenas esperando o momento certo.

E, enquanto desfrutava daquele trabalho prático que realizava, descobriu que seus empregadores não compartilhavam dos mesmos valores. Ele sentia que eles não tinham qualquer compromisso com a qualidade, com a arte. Estavam lá apenas para cortar custos, comprometendo os padrões. E isso o levou cada vez mais a fazer trabalhos que não apreciava:

Descobri que 70% do tempo era gasto trabalhando em habitações modernas horríveis, escavando escombros dos construtores enquanto pessoas discutiam trivialidades, como a cor da grama, ou reclamando porque um dos tijolos tinha um formato um pouco diferente dos outros. Grande parte do trabalho se tornou frustrante, opressiva e com pouca possibilidade criativa. Tocar minha própria empresa teria sido mais fácil, mas isso significaria contratar pessoas e, eventualmente, retirar-me da única coisa que eu gostava de fazer de verdade. Eu queria passar mais tempo em um projeto, terminando o trabalho adequadamente. Menos e menos cimento entrou na mistura e as mentiras subiram para níveis estressantes, e isso acabou representando tudo o que eu não queria fazer parte.

Incapaz de suportar mais tempo, Jason demitiu-se e voltou a trabalhar no negócio de carpintaria do pai. Seu pai decidiu treiná-lo para que o substituísse. Jason ainda adora as exigências de uma profissão altamente qualificada, como a carpintaria. Infelizmente, ele experimentou a mesma mentalidade obsessiva de ter de fazer dinheiro que havia testemunhado no negócio de jardinagem. Jason simplesmente não compartilhava os valores do pai. A promessa de possuir dois carros e de obter aposentadoria aos 40 anos soava vazia para ele: "O que você faz depois de conseguir os dois carros e de ter pagado a hipoteca?".

Sentindo que seu futuro não estava sendo traçado por conta própria, Jason sabia que precisava da liberdade e de ser autossuficiente. Foi um período bastante significativo e, na sequência de uma discussão em família, virou as costas para os planos que haviam desenhado para ele. Saiu em busca de si e de seu estilo de vida pessoal.

Ao deixar a empresa familiar, rodou de moto até Bordeaux e ficou com alguns amigos que haviam comprado uma casa, ajudando-os na reforma. Depois, Jason foi para a Suíça e trabalhou numa fábrica. Essa viagem representou "a liberdade total":

> Eu estava deixando para trás a família e os negócios. Fiquei isolado e percebi que não podia mais voltar. Decidi, então, descobrir meu próprio caminho.

Esse processo de descoberta levou-o à fotografia, a qual ele achou que "sempre esteve presente em sua vida". Jason descreve-se como uma pessoa visual e, em vez de escrever sobre algumas das coisas espantosas que testemunhou, começou a fotografá-las. Depois de alguns tratamentos com Reiki ("em que eu nunca havia acreditado até aquele momento"), "pareceu ocorrer uma mudança fundamental em minha perspectiva e em minha confiança; eu tomei a decisão de mudar, e de repente tudo ficou mais claro, principalmente quem eu era e para onde deveria ir".

Com o encorajamento de um amigo, ele decidiu ir ao encalço de um sonho emergente: "Naquela ocasião eu não tinha nada a perder". E retornou à Índia com sua câmera, na esperança de poder criar algum meio de subsistência:

> Acabei vendo-me nas situações mais incríveis, com as pessoas mais espantosas e diante de histórias em que as pessoas jamais acreditariam. Então comecei a fotografar. Foi algo muito natural de se fazer, pois apenas continuei a fazer o que já fazia, com a diferença que de vez em quando eu pegava a câmera e fotografava.

Mergulhei no assunto e aprendi a ser fotógrafo. Comecei tentando entender a fotografia. Passei algum tempo com viciados em heroína, com famílias vivendo na rua e com traficantes de drogas. Isso abriu minha mente e fez-me questionar as coisas, ao misturar-me com pessoas diferentes e testemunhar as disparidades na sociedade. Fui espancado pela polícia, preso e interrogado durante 12 horas. Eu sempre procuro autoestimular-me e forçar-me a continuar caminhando adiante. É como mergulhar até o fundo. Seu radar é acionado e você começa a trabalhar as coisas por instinto. Você não vive realmente se for metódico demais. Então deixei as coisas acontecerem.

Depois disso ele fez alguns trabalhos para o British Council, e os negócios começaram lentamente a aparecer. Jason voltou para o Reino Unido e tentou ser contratado por jornais, de forma a poder ficar fora por mais seis meses. Mas tentar viver em dois países tornou-se difícil demais e, então, ele parou de voltar para a Inglaterra. Colocou as poucas coisas que tinha em caixas de papelão, deixou-as em sótãos na casa de amigos e mudou-se para um apartamento em Nova Déli:

Ao comprometer-me com a Índia, descobri que poderia conseguir trabalho em organizações internacionais. Naquele ano, fiz um trabalho durante cinco dias que me deu fundos suficientes para financiar meu trabalho durante o ano todo. Tenho um artigo que vai sair num jornal de âmbito nacional. É sobre a tribo Dongria Kondh, que vive numa área remota de Orissa, projeto no qual venho trabalhando por quase um ano. Quero mostrar às pessoas as consequências ocasionado pela industrialização em áreas remotas, utilizando as imagens que obtive de várias maneiras diferentes. Meu objetivo é atingir diversas publicações, pois tenho um estreito relacionamento com várias organizações.

Mas ele percebeu que, para fazer justiça aos fotografados, teria de passar um tempo com eles, pois do contrário seria apenas um exercício voyeurístico. Ele queria fazer a diferença de verdade:

De início, eu romantizei o conceito de ser um fotógrafo que andava a esmo, indo para os países em desenvolvimento para ajudar os indefesos. Agora percebo que, para a maioria dos fotógrafos, com seu ego excessivamente inflado, tudo se trata apenas deles mesmos, do próximo livro *deles*, da próxima exposição *deles*. Isso é algo que eu nunca poderia fazer. Não estou dizendo que não quero ganhar dinheiro, eu quero (pois eu preciso), mas a maior parte do que ganho é aplicada no projeto em que estou trabalhando. Ou é utilizada para a aquisição de novos equipamentos, de modo que possa continuar no meu trabalho.

Então, como é essa vida que Jason passou tanto tempo procurando e tentando viabilizar?

Um dia você está voando na classe executiva e hospedando-se em hotéis cinco estrelas, mas no próximo trabalho pode estar no meio da floresta, doente, com fome e com frio, ensopado pela chuva. Eu me sinto mais vivo e mais em casa no segundo. Sinto-me mais conectado com o que estou fazendo, embora ache difícil sobreviver permanentemente nesse tipo de ambiente. É uma vida difícil, mas que faz você realmente apreciar os simples prazeres da vida.

Estou sempre procurando novas maneiras de desenvolver meu trabalho e de encontrar novas formas de comunicar as questões nas quais estou trabalhando. E leva tempo fazer justiça a qualquer dessas coisas. Trabalhei num projeto que procurava retirar o estigma dos caminhoneiros indianos soropositivos. Passei três meses viajando pelo país em caminhões, dormindo na beira da estrada, cozinhando refeições na cabine, lavando-me em rios. Todo mundo dizia-me que apenas dez dias seriam suficientes, mas senti que seria impossível entender os problemas dessas pessoas se não vivesse com elas. O projeto gerou uma série de exposições e um CD-ROM. Como fui eu quem financiou o projeto, construí um trabalho sólido, compreendendo tudo que é a ele relacionado. Assim, as pessoas passaram a acreditar e a confiar em mim para projetos futuros. Talvez, depois de dois anos de trabalho autofinanciado, ele agora esteja começando a dar os frutos. Se você não cria muitas expectativas, as coisas começam a tomar forma e a entrar nos eixos.

E QUANTO AOS DIAS DE FRUSTRAÇÃO?

Muitas dúvidas, o tempo todo, mas é isso que o mantém de pé:

> Você continua tentando cada vez mais por estar convencido de que o trabalho ainda não está bom o suficiente. Passei meses em um projeto tentando conseguir financiamento, batendo a cabeça contra a parede, vendo-me sozinho, chorando no quarto do hotel e perguntando-me para onde ir dali em diante, frustrado com as injustiças do mundo. Mas tudo é parte do processo e você acabará mais fortalecido no final. Algumas vezes, realmente entendo por que as pessoas escolhem carreiras que estimulam apenas a riqueza pessoal e não o autodesenvolvimento. É difícil encarar tudo o que o mundo atira sobre você; a gente só consegue suportar um pouco e então tem de se esconder durante um tempo. A Índia é perfeita para mim. Alguns têm muito, mas a maioria não tem nada e nunca vai ter. É bastante difícil ter de se deslocar entre esses dois mundos, você não se acha pertencendo a nenhum deles, e no fim não quer mesmo que isso aconteça. Eu não teria feito nada de diferente. Está tudo muito bem até agora. E a dor é tão importante quanto o prazer.

VOCÊ SE ARREPENDE DE ALGUMA COISA?

Estou feliz, tive meus momentos, como todo mundo, e finalmente comecei a ganhar algum dinheiro. Eu tendo a avaliar o meu sucesso como o sucesso de meu trabalho e o impacto que ele causa. O dinheiro está bem lá no fim da lista, embora seja muito necessário para que eu continue o que estou fazendo. Tenho sido capaz de ganhar a vida porque atei-me a meu trabalho, entendi meu ambiente e tornei-me apaixonado pelas questões com que lido. Tudo isso aparece através de seu trabalho, e as pessoas respondem a isso.

Jason poderia facilmente ter-se estabelecido numa vida confortável, desfrutando do negócio próspero da família no ramo de móveis, ganhando um bom dinheiro e levando uma vida rica e segura. Mas os valores de Jason exigiam muito mais. Mesmo se tivesse que suportar o desconforto, os perigos e a pobreza; seus valores (justiça, liberdade e hedonismo) levaram-no a procurar uma carreira e um modo de vida não convencionais. Sua verdadeira vocação é fazer algo bom para o mundo. E, para realizar isso, Jason precisava de um estilo de vida que estivesse adequado a ele. Precisava sentir-se livre. Ele garante que não se compromete a nada que possa limitar sua sensação de liberdade. Assim, em vez de viver permanentemente em uma casa, com uma hipoteca e com contas diversas a pagar, ele fica na casa de amigos ou movimenta-se entre os diversos locais – uma cabana na praia em Goa ou um apartamento em Nova Déli.

E Jason encontrou uma profissão – fotógrafo – que se encaixa nesse modo de vida e que lhe permite expressar suas paixões morais e políticas. Ele fez de tudo para tornar-se um fotógrafo qualificado, e encontrou um nicho que lhe permite ganhar a vida enquanto expõe as injustiças que revela apaixonadamente.

Jason não tem ideia do que o futuro lhe reserva. Sua namorada acabou de voltar para os Estados Unidos para estudar política e desenvolvimento:

Isso fez-me refletir sobre uma variedade de questões e reavaliar certos elementos de minha vida. Especialmente a insegurança em que vivo, que se relaciona à dificuldade em manter qualquer relacionamento a longo prazo – e mesmo se algum dia serei capaz de fazê-lo. Mas eu quero muito. No momento, sei que, se for visitar minha namorada, o que desejo fazer, ficarei afastado de meu trabalho. Preciso ficar imerso nele. Estou prestes a ir até Orissa. É uma viagem de trem que leva três dias, enfrentando mosquitos, cobras e escorpiões. É como mergulhar numa piscina gelada: você tem medo antes de fazê-lo, mas depois fica tudo bem. Mas quem não gostaria de passar por essa experiência? É emocionante. É uma experiência única e sinto-me privilegiado em poder vivê-la. Já são oito anos agora, e tem sido um longo e árduo caminho. Mas nunca achei que cometi um erro na escolha que fiz e nunca olhei para trás como forma de visualizar onde eu poderia estar.

OS CONSELHOS DE JASON

1. Acho que mudar tem muito a ver com os ditames da sociedade, com as pressões familiares e com pessoas capazes de entender suas próprias limitações. Conheci muitas pessoas que nunca serão o que sonharam ser. Acho que muitas delas deixam a antiga vida tarde demais, tomando uma decisão extremada mais baseada no desespero do que em qualquer outra coisa.

2. Mudar é algo muito pessoal, mas a fé em si mesmo é essencial – e também, talvez, ter uma família muito compreensiva.

3. Também acho que as pessoas acreditam que precisam de mais do que realmente necessitam. Trata-se de desistir de todas as pequenas coisas confortáveis da vida, pelo menos por um tempo.

4. É uma transição difícil de fazer abandonar-se no desconhecido, mas realmente vale a pena se o primeiro passo for dado.

DICA NOTA DEZ
Existe sempre um palhaço pronto para estourar seu balão.

CONTAGEM REGRESSIVA PARA SEU EMPREGO DOS SONHOS
Aconselhamento de carreira por Carole Ann

Quando não vivemos de acordo com nossos valores, os conflitos podem surgir. Você se sente desconfortável, como se não se encaixasse no lugar e estivesse trabalhando contra seus instintos naturais, enfrentando o mundo ao seu redor. Tanto Laurie como Jason sentiram essa "fricção" física, apesar de terem duas histórias de vida completamente diferentes.

No começo de sua carreira, Laurie amava o que fazia, adorava o trabalho, os desafios e as viagens que vieram com ele. Ele era bem-sucedido e as promoções chegavam com facilidade.

Não foi Laurie quem mudou, mas o seu trabalho, e logo ele se viu assumindo tarefas, como demitir pessoas, por exemplo, que não se coadunavam com ele ou com seus valores. Esse foi seu incentivo para seguir adiante.

Jason também poderia ter facilmente se acomodado numa vida confortável na próspera empresa de móveis da família, ganhando um bom dinheiro e vivendo uma vida segura e de riquezas. Mas seus valores pediam mais, impelindo-o a procurar uma carreira e uma maneira de vida incomuns.

Quando é que você se sente como se estivesse lutando contra alguma coisa? Quando você se sente em seu melhor momento?

AS GRANDES QUESTÕES

Muitos anos atrás, os escritores, artistas e filósofos da margem esquerda de Paris chamavam a isso de "angústia existencialista", que simplesmente significa a agonia de viver perguntando por que razão estamos aqui. Pode ser que seja uma grande pergunta com uma resposta ainda maior, mas, para nós, consultores de carreira, é um bom ponto de partida para ajudar as pessoas a ter consciência em relação àquilo que desejam fazer com a vida delas. Pode parecer assustador, mas é bastante divertido e emocionante. Do mesmo jeito que a vida deveria ser.

Então pegue seu caderno e pergunte-se:

1. **Por que estou aqui?**

Agora reflita – para divertir-se, fazer a diferença, ser lembrado, ajudar os outros, entreter as pessoas, ensinar, orientar, harmonizar, participar de festas ou ser o melhor?

Escreva tudo – afinal, trata-se de sua vida –, tudo o que surgir em sua mente. Qual poderia ser a finalidade de sua vida? Não se preocupe se parecer estranho, ridículo ou impossível de conseguir – é a sua visão, portanto não a julgue.

2. **O que eu quero fazer com o tempo que me resta?**

Então, olhando a primeira pergunta, algumas ideias estão surgindo? Você gostaria de dar aulas, de fazer a diferença na vida das pessoas, de ser útil, de ser criativo? Talvez o desejo de explorar, de projetar ou de inspirar sejam sinalizadores, orientando você a investigar mais detalhadamente. Você consegue imaginar como seria fazer esse tipo de coisa e ainda ser pago por isso? Você pode. Assim como outras pessoas.

3. **O que é exigido de mim?**

Esse é um apelo para a ação. O que você precisa para começar a preencher a sua vida com algum propósito? Com o que você estaria disposto a se comprometer, deixaria ir embora ou em que você investiria? As recompensas de viver sua vida do modo como ela foi destinada são vastas, até mesmo infinitas. Você se dará permissão para chegar até elas?

Escreva suas respostas e releia todas, muitas e muitas vezes.

CAPÍTULO 5
AÇÃO É TUDO

Quando me recuperei [do câncer], percebi que a vida é curta demais para não fazermos o que realmente desejamos... Não sou qualificada para fazer o que faço. Não sou realmente qualificada para fazer nada. Eu continuo pensando que estarei sentada jantando e que alguém virá até mim, me dará um tapinha nas costas e dirá 'encontramos você'. Mas do jeito que está, está tudo correndo bem.

Cath Kidston (designer de interiores, no Reino Unido)[8]

Você tem certeza do que *não* quer fazer, mas não sabe muito bem o que *quer* fazer?

Antigamente, eu costumava elaborar listas, compilava cadernos de anotações, listas dos empregos que eu sonhava e para os quais não tinha capacidade, tudo numa tentativa desesperada de descobrir algo que me dissesse o que eu deveria fazer com minha vida. Eu me fixava naquilo durante um longo e árduo tempo e não tinha resposta. Sempre voltava para as mesmas coisas familiares, sempre as mesmas coisas. Eu me via totalmente aprisionada pelo "não saber".

Isso também acontece com muitos de meus entrevistados. Pessoas com a necessidade desesperada de mudança, mas num estado de paralisia quanto à sua situação. Eles não têm nenhuma ideia de como fazer para avançar, e muito menos para onde se deslocar. Em alguns casos, nem mesmo havia tempo de planejar a mudança, e em outros havia tanto espaço que o fato de não se contatar alguém ou algo novo significava que prevalecia o total imobilismo.

Encontrar a finalidade em sua vida é essencial. Mas não se preocupe se ainda não tiver sido atingido por um raio que indique a mudança de carreira.

Tudo o que você precisa nesta fase é conscientizar-se de seus valores e do que você gosta, embora, para algumas pessoas, mesmo isso não se mostrará totalmente claro. Se o que você leu agora faz sentido, só precisa estar aberto para descobrir a finalidade de sua vida no momento em que entrar na próxima fase.

O apoio das outras pessoas é sempre útil, então peça por ele. Os outros não sabem se você precisa de ajuda, de aconselhamento e orientação, a não ser que você dê voz a essa necessidade. E as pessoas gostam quando isso acontece. E, um dia, você também será capaz de ajudar alguém.

AÇÃO É TUDO

Agora não é o momento de reflexão. Agora é o momento de FAZER ALGO. Tudo se resume a dar início à primeira jogada, a tentar algo, a ser prático. Faça hoje algo para você mesmo. Dê um telefonema, mande um e-mail para alguém convidando-o para tomar um café e peça-lhe conselhos ou informações. Encontre um artigo sobre um emprego ou sobre alguém que lhe pareça interessante. Faça o mesmo amanhã. Aproveite a oportunidade para explorar uma gama de possibilidades futuras. Tudo de que "possa gostar" – faça dessa a sua chance de descobrir. Explore três áreas que possam ser interessantes para você trabalhar. Então, pré-selecione mais outras duas!

As pessoas não sabem que você está disponível e interessada até que lhes diga, e os empregadores poderão estar procurando alguém exatamente como você. Vale a pena aproveitar a chance. O que de pior pode acontecer?

ELE CONSEGUIU

Renaud
Idade: 28 anos
Era: empregado de um hospital na França
Agora: assistente de designer têxtil no Reino Unido
Chave do sucesso: atreveu-se a correr o risco
Paixões: música, moda, comida

Nascido e criado na França, Renaud teve uma chance quando observou os potes e os pincéis na janela de um estúdio de *design* enquanto procurava uma casa no sul de Londres. Ele estava tentando enveredar por uma nova vida e tinha passado o dia procurando um apartamento descolado. Até então, vinha trabalhando em um hospital na França. A carreira que havia escolhido estava em suspenso porque ele não tinha conseguido seu diploma numa escola de artes extremamente competitiva em Bruxelas. Um ano de trabalho em sua cidade natal, cuidando de pacientes idosos, tinha-o ajudado a colocar sua vida em perspectiva, e ele sentira que estava na hora de retomar seu sonho de ter uma carreira na indústria da moda. Então, ali estava ele, numa noite horrível em Londres, tentando encontrar onde ficar e embarcar numa nova vida. Respirou profundamente e tomou um pouco de coragem para esgueirar-se pela porta de um estúdio bastante convidativo e pedir em emprego:

> Eu estava esperando que o último apartamento a visitar fosse perfeito. Mas foi o pior de todos! Eram seis da tarde, de um dia cinzento e frio de dezembro. Saí daquele apartamento horrível andando pelas ruas e sentindo-me sozinho e perdido, quando vi aquela vitrine multicolorida cheia de belas pinturas, de desenhos e de tecidos. Era tão convidativa quanto uma doceria, daquelas em que você mergulha para comprar algo delicioso! Minha única preocupação era que eu não estava indo comprar uma dúzia de deliciosos sonhos, o que eu queria era um emprego! "Vamos pensar a respeito e caminhar um pouco", disse a mim mesmo. "Eu deveria entrar confiantemente e pedir um emprego. Mas e se não for um estúdio? Meu inglês é muito ruim. Não estou com meu portfólio nem com meu currículo..." Mas, ainda assim, disse a mim mesmo que deveria tentar!

Então Renaud entrou. Conversou com Sarah, uma das *designers* têxteis que trabalhava na parte da frente da loja. Ela foi incrivelmente acessível e disse-lhe que era a coproprietária do estúdio junto com sua irmã, Susan, e que, por mera coincidência, elas estavam procurando alguém para trabalhar! Ela deu-lhe seu cartão de contato e pediu-lhe que telefonasse em janeiro, quando tivesse voltado da França, trazendo seu portfólio:

> Eu realmente estava com vergonha e preocupado com meu péssimo inglês. Ao mesmo tempo, uma voz na minha cabeça dizia-me que não me preocupasse com as coisas, mas que as fizesse. Se eu pensasse demais, poderia ser tarde, poderia perder oportunidades preciosas. "Se eu perguntar, eles podem dizer não, mas também podem dizer sim!" Quanto mais você tomar decisões e aproveitar as oportunidades, mais ficará confiante de encontrar seu próprio caminho... E foi o que fiz. Tento o máximo que posso para manter-me firme e não permanecer tempo demais em minha zona de conforto. Para sentir-me vivo, preciso desafiar constantemente meu comportamento e minha forma de pensar...

Renaud continuou comprometido. Enviou-lhes alguns exemplos de seu trabalho, e elas aconselharam-no a obter mais experiência com a arte e com as cores. Ele voltou para a França e fez exatamente isso. Enviou-lhes mais amostras de seus desenhos, candidatou-se a uma bolsa e logo foi capaz de informar às irmãs que, se elas o aceitassem, ele teria condições de providenciar tudo o que fosse necessário. E tudo o que elas precisavam fazer era apenas concordar. Ao organizar sua própria experiência de trabalho, Renaud tinha rapidamente conseguido uma nova vida em Londres, que lhe acabou conduzindo a um trabalho remunerado como assistente no estúdio das duas irmãs.

OS CONSELHOS DE RENAUD

1. Dê pequenos passos, seja persistente, seja paciente. Tentar apenas uma vez não irá necessariamente abrir-lhe as portas da mudança. Você precisa continuar tentando.

2. O fato de eu ter falhado na escola de arte, em Bruxelas, deixou-me perturbado na época e deprimido durante um ano, mas agora estou feliz por não ter tirado o diploma. Retrospectivamente, agora posso entender que eu não era muito bom e tinha pensamentos errados sobre a moda. As más experiências podem ser tão esclarecedoras e tão valiosas quanto as boas. Em meu caso, isso me levou a um ano extremamente gratificante, trabalhando com pessoas que realmente precisavam de ajuda.

3. A menos que você vá até as pessoas e conte-lhes o que está procurando, elas não saberão de nada. Apenas através das tentativas, da pesquisa e da dedicação com o mundo à sua volta é que poderá descobrir sua verdadeira vocação.

> **DICA NOTA DEZ**
> Nada vem do nada. Não existem movimentos errados. Se você sente-se preso a uma rotina, o único movimento errado nessa situação será não fazer movimento *algum*.

ELE CONSEGUIU

Deborah
Idade: 46 anos
Era: atriz no Reino Unido
Agora: diretora de sua própria empresa no Reino Unido
Chave do sucesso: "Quero ser a melhor naquilo que eu faço"
Paixão: ajudar as pessoas a sentirem-se melhor a respeito de si mesmas

Deborah é diretora de sua própria empresa, a Heaven Skincare Products, e terapeuta de beleza. Mas, se isso for de alguma ajuda, no começo de sua carreira profissional ela não tinha nem ideia do que fazer. Foi fazendo, e "tentando" fazer coisas, que acabou descobrindo sua verdadeira vocação. Agora, seu tratamento de beleza pioneiro tornou-se conhecido internacionalmente, ela tem sua própria fábrica, e seus produtos orgânicos atraíram, como clientes, várias celebridades. Para uma mulher que obviamente está no trabalho certo, é muito interessante descobrir que ela chegou até lá por mero acidente. Quando era adolescente, Deborah tentou várias carreiras em potencial, incluindo trabalhar como modelo e atriz, mas nada parecia ser sua vocação verdadeira. Uma de suas amigas era cabeleireira e sugeriu que ela tentasse fazer um curso de beleza. Deborah achou que também poderia resolver seu problema de acne enquanto procurava descobrir o que fazer com sua vida. E ela descreve a sensação que teve no momento em que começou a praticar os tratamentos em outros alunos; era como "estar voltando para casa", disse. Por acaso, e porque fez algo, acabou descobrindo o que tinha um real interesse para ela, que a deixava animada e satisfazia sua necessidade de ajudar outras pessoas:

> Com a minha pele curada senti-me muito bem em relação à minha aparência. E então tive vontade de ajudar outras pessoas a sentir o mesmo. No momento em que tentei fazer isso, percebi que o curso de beleza ajudava-me a concretizar essa vontade – eu poderia me ligar a outras pessoas e curá-las também.

Deborah tinha procurado uma carreira, mas nada parecia atraí-la. Em vez de ficar sentada esperando pela intervenção divina, ela optou por "fazer" durante uma das muitas fases de "eu não sei", e então finalmente encontrou algo que a transformou completamente. Envolver-se quase sem querer num curso de beleza levou-a à criação de um valioso negócio. Deborah criou os cosméticos Heaven, que tiveram destaque em publicações como *Vogue* e *Harpers & Queen*. Kylie e Dannii Minogue são fãs de seus produtos. Os empresários Theo Paphitis e Richard Brandson ofereceram um investimento e, em determinado momento, um emprego – que ela recusou. Uma cadeia de lojas quis produzir os produtos em suas fábricas, mas tendo em vista sua integridade e empenho em fazer produtos verdadeiramente puros, Deborah optou por permanecer independente. Correu um enorme risco financeiro ao comprar sua própria fábrica, onde pode controlar e garantir a produção de tratamentos de pele verdadeiramente orgânicos e livres de conservantes. Seu objetivo é difundir a cura da pele – e não vender em grandes quantidades, comprometendo a qualidade dos produtos.

COMO ENCONTRAR O "ALGO MAIS"

O "algo mais" representa uma coisa boa, positiva e motivadora. É possível que exista uma conexão com aquilo que você fez quando criança, e uma vez que a encontrar, ela poderá ser uma coisa ofuscantemente óbvia, como aconteceu com Deborah:

> Quando olho para minha infância, lembro-me de que gostava de misturar poções florais e colocá-las debaixo da cama – o que provavelmente não era uma coisa incomum para uma criança de seis anos fazer. Entretanto, o que talvez fosse um pouco mais raro, era que eu adicionava um pouco de vodca para preservar as flores! Já estava experimentando com algumas misturas naquela época. Agora estou aqui e posso ver que o meu negócio faz muito sentido, mas não sabia de nada até o dia em que realmente comecei a realizá-lo.

Como disse Steve Jobs, você só pode "juntar os pontos" mais tarde na vida. Mas precisa acreditar que cada passo que der irá ajudar a fazê-lo.

A questão das finanças foi outro "ponto" da infância de Deborah que desempenhou um papel importante em seu futuro. Quando era pequena, ela definia a si própria algumas metas financeiras para poder ter dinheiro e comprar o que queria. Usando todas as táticas que podia para economizar, a Deborah de 14 anos preferia ir a pé para casa e poupar a passagem de ônibus e guardar seu dinheiro do lanche. Depois de economizar o suficiente para comprar uma jaqueta de couro, ela decidiu então poupar também para comprar um cavalo:

> Levou dois anos, mas eu consegui! Mas assim que comprei o cavalo, percebi que precisava de um emprego para poder mantê-lo. Então fui trabalhar à noite como garçonete. Aí comecei a fazer sanduíches. Sem que ninguém me pedisse, passei a improvisar e a decorar os pratos para deixá-los com uma apresentação melhor. Tive descontos no salário por desperdiçar tomates, mas para mim a apresentação é muito importante. Desde cedo, sempre quis ser a melhor naquilo que fazia.

Essa foi uma abordagem que Deborah também aplicou quando começou a fazer seu curso de beleza. Usando a iniciativa em vez de seguir regras, continuou a explorar e improvisar:

> Nos primeiros dias do curso, um creme facial causou uma reação na minha pele. Instintivamente, comecei a brincar com a mistura e acrescentei um bálsamo usado na cera de depilação para criar algo suavizante, em vez de abrasivo. Todo mundo estava fazendo o que lhes disseram para fazer – mas eu comecei a experimentar.

Como vimos, Deborah vinha trabalhando, economizando e equilibrando suas finanças desde a mais tenra idade. E então percebeu que as aulas que fazia em um curso sobre finanças básicas e sobre "como preencher um cheque" eram pouco esclarecedoras. Enquanto seus pensamentos vagavam pela janela durante uma das aulas, ela teve uma visão límpida sobre seu futuro, e visualizou-se dirigindo seu próprio negócio de salões de beleza, inclusive vendendo franquias dele. Ao imaginar seu próprio futuro, ela pôde literalmente enxergar para onde estava indo. E a partir desse momento, Deborah delineou um plano de ação. "Você precisa planejar para onde está indo", diz ela, inflexível. "Se não fizer isso, nunca chegará lá. É como ir para Londres sem saber exatamente aonde pretende chegar. Será que alguma vez alcançará seu destino?"

Em primeiro lugar, Deborah precisava de experiência para entrar em movimento. Ela astutamente percebeu que os outros alunos iriam procurar emprego em maio, no final do curso, então antecipou-se e começou a procurar emprego no Natal. Ela deu o melhor de si para conseguir o que queria naquele campo tão competitivo que escolhera. E, independentemente do que poderia acontecer, pelo menos teria um emprego. "Eu tive sucesso em minha busca e fui contratada num salão local. Embora fosse realmente muito boa no que fazia, era tímida demais", admite. "Essa experiência foi muito valiosa porque obrigava-me a conversar com as clientes e eu aprendia algumas táticas para lidar com minha timidez."

COMO CONSTRUIR O NEGÓCIO

Desde o início de sua carreira, Deborah procurou meios de expandir os negócios, acumulando suas competências e experiências. Ao investir numa caixa de unhas postiças, por exemplo, ela aprendeu a fazer unhas. E isso trouxe-lhe verba para comprar outros materiais. Depois de três anos,

Deborah mudou-se para um salão em Wolverhampton. Casou-se, separou-se e, seguindo seu plano inicial, começou a montar seu negócio de franquias.

Precisei de várias tentativas para conseguir falar com Deborah, porque ela é muito ocupada. Conversamos por telefone enquanto ela fazia o jantar (o único "tempo livre" que tinha). Ela parava frequentemente para conversar com os filhos. A princípio, a história que ela me contou parecia muito simples e fácil. Mas, na verdade, teve diversos obstáculos. Por exemplo, ela separou-se do primeiro marido, mas, continuando a "fazer" em vez de ficar sentada ou desistir, naquela mesma semana abriu sua primeira loja. Sua abordagem quanto a seu negócio era bastante positiva: "Eu vinha trabalhando numa academia, mas tinha clientes demais. Precisava de uma nova instalação e de uma base para começar".

Deborah é o tipo de pessoa que não conhece a palavra "não". Como o negócio cresceu, montou uma equipe de esteticistas para atender a demanda. E quando estava tudo correndo bem, abriu mais uma loja. A empresa continuou crescendo. Hoje ela garante o contrato com grandes varejistas para distribuir seus produtos. Seu tratamento de pele pioneiro tem fama internacional. As celebridades agora são parte de sua vida cotidiana:

> Eu amo tanto o meu trabalho que estar com os clientes, para mim, é relaxante. Preocupo-me com minha equipe, com os clientes e gosto muito de trabalhar. Gosto tanto que nem tiro férias. Estou sempre pensando em trabalho. Se vou tomar um café, começo a pensar qual o lucro que teria se tivesse uma cafeteria. Isso é automático e não é trabalho – é apenas a maneira como a minha mente funciona.

Ela admite ser competitiva. Descreve a si mesma como líder. Mas uma líder coletiva: "Eu quero a minha família e a minha equipe andando junto comigo. Preciso de muita gente à minha volta para poder impulsioná-los. É algo que está dentro de mim". Ela está sozinha porque é a única diretora; isso quer dizer que algumas vezes sente-se solitária, mas ela não quer dividir esse papel porque não suporta pessoas dizendo-lhe o que fazer. Tem sido assim desde que nasceu! Deborah revela os traços clássicos de um empreendedor – constantemente à procura de novas ideias de negócios e sonhando com novas fórmulas. Mas eu queria salientar que Deborah *afirma amar seu trabalho de tal forma que ele é relaxante.* Alguém já ouviu falar que um trabalho é *relaxante?* Pequenas paradas não são necessárias para ela. Trabalhar, para Deborah, é um constante feriado.

Enquanto eu a ouvia falar sobre as novas lojas, as novas fábricas, as novas receitas, das celebridades que são suas clientes e sobre os novos tratamentos, comecei a ficar com vontade de saber como ela encontra coragem para fazer tudo isso. Será que nunca existe o medo de errar, de perder dinheiro, de não ser capaz de pagar os salários? Será que realmente não passa algumas noites sem dormir?

Pessoalmente, eu acho mais difícil ficar longe de alguma coisa que é complicada do que tentar resolver e falhar, caso dê errado. Senão, você vai passar o resto de sua vida arrependido e se perguntando "Como seria se...". Se você tentar e não der certo, estará rapidamente terminado e poderá colocar as mãos na próxima coisa. Mas houve momentos em que o dinheiro era escasso e eu precisava de mais pedidos para pagar os salários. De novo, precisei manter-me positiva, esperar e desejar mais encomendas, que, com o tempo, vieram.

Obviamente, os pensamentos positivos nem sempre trazem novas encomendas! Mas continuar confiando que as encomendas/o trabalho/os clientes virão é uma parte importante do processo. Se você está fazendo algo em que acredita e tem o objetivo de ser o melhor no que faz, vendendo produtos de qualidade para o mercado que conhece, você simplesmente precisa tomar uma decisão sobre continuar ou não. Existe a possibilidade de chegarem mais encomendas? Ou não vale a pena arriscar sua equipe e sua casa para manter o negócio aberto? No caso de Deborah, ela manteve a calma, esperou o melhor para seus produtos de qualidade e para seus tratamentos pioneiros – e os pedidos começaram a chegar. Aprender a ter confiança elimina a ansiedade. E ajuda você a continuar em frente, em vez de ficar encalhado no "Será que devia? Será que eu não devia?".

Além de lutar contra o medo de não atrair mais clientes, Deborah teve de lutar contra ladrões. Seus produtos são tão bons que um concorrente roubou suas fórmulas e as copiou:

> Eu fiquei convencida de que estava arruinada. Depois de ficar atormentada durante quatro dias, encontrei a solução. Decidi *refazer* os produtos – mas tirando vantagem da situação e melhorando-os ao mesmo tempo. Passei a criar um *best-seller* muito superior. Se minhas fórmulas não tivessem sido roubadas, não teria feito os novos produtos. Eu acho que não existem reveses na vida, apenas formas de aprendermos coisas novas.

Desde pequena, Deborah provou que é capaz de lidar com as dificuldades. Outro retrato de sua infância revela uma pessoa que adora testar a si mesma (para dizer o mínimo!): "Eu me forçava a pular do teto da garagem para ver se tinha coragem de fazer isso. Recordo a emoção quando consegui". Deborah precisa de desafios, adrenalina e emoção, jamais será feliz na segurança e na estagnação da zona de conforto.

Deborah criou uma carreira profissional tão agradável que lhe parece uma indulgência. O dinheiro ainda é escasso em alguns momentos, mas seu negócio hoje é valioso: "Enquanto eu tiver minhas duas mãos", diz, "sei que conseguirei pagar as contas". Ela encontrou uma vocação de que realmente gosta quando tentou várias outras coisas. Rejeitou o que não a empolgava e continuou procurando até achar algo que a transformasse. Estava aberta para novas experiências e percebeu quando se sentiu bem: "Enfrentar o medo do desconhecido", aconselha, "é melhor do que viver com uma decisão com a qual não concorda".

OS CONSELHOS DE DEBORAH

1. Pense sobre o que você quer e escreva uma lista.

2. Continue a fazer as coisas até encontrar "aquilo" que lhe faça sentir-se "voltando para casa". Mantenha suas motivações no cerne do trabalho. "Eu queria vender produtos puros e orgânicos para ajudar as pessoas a se sentirem melhor consigo mesmas – não queria vender muito e fazer dinheiro com um produto inferior."

3. Não fique ocupado demais com o "E se?" na vida, apenas siga em frente, tentando, falhando e sendo bem-sucedido.

4. A tentativa de mudar de carreira pode ser parecida com a de você se jogar do telhado da garagem – assustadora e um pouco boba. Mas se você estiver com medo, isso é bom e é natural. Isso é muito grande. Você está começando a perceber que lá fora existem coisas excitantes pedindo sua atenção.

ELE CONSEGUIU

Achilles
Idade: 42 anos
Era: engenheiro de fotocopiadoras na Austrália
Agora: é comerciante de vinhos na Austrália
Chave para o sucesso: personalidade extrovertida e amigável
Paixões: eletrônica/tecnologia, vinho, comida e música

Apesar de ser um "fazedor natural", Achilles viu-se preso a seu trabalho e perdeu a confiança em tentar procurar outra coisa. Ele vinha fazendo coisas desde que nasceu. Sempre mexendo com eletrônica quando criança, acabou construindo sua própria rádio FM em sua cidade. Seus amigos e ele operavam a rádio "UFO" depois da meia-noite, quando a estação de tevê já estava fechada! Uma extraordinária realização para um rapaz de 14 anos. Esse constante "fazer" prosseguiu quando ele arranjou um emprego em determinada empresa, o que lhe permitiu continuar a fuçar as coisas enquanto consertava fotocopiadoras. Depois de 18 anos, porém, ele se cansou de consertar aparelhos mexendo na parte de trás dos equipamentos e começou a explorar novas possibilidades. Agora, ele é gerente regional de uma distribuidora de vinhos na Austrália. Ao mesmo tempo, a ciência da vinicultura exerce-lhe atração, e ele espera um dia começar uma carreira produzindo seu próprio vinho.

Conheci Achilles em sua casa, em Melbourne. Ele é um homem de muitos talentos, incluindo a culinária e a música – e foi sua fascinação de infância por eletrônica e áudio que o levou a querer tornar-se engenheiro de áudio e mídia visual:

Estudei eletrônica numa escola técnica na Grécia, mas, como nasci na Austrália, acabei voltando e matriculando-me num curso no Royal Melbourne Institute of Technology, com uma bolsa do governo. Depois de um ano, meus pais também voltaram para Melbourne e precisei procurar trabalho para ajudá-los financeiramente. Naquele tempo, não havia muitas oportunidades de emprego para engenheiros de áudio e vídeo. Então, quando me deparei com um trabalho como engenheiro de fotocopiadoras, agarrei a oportunidade. Tinha 20 anos na época e fiquei feliz por ganhar um bom salário e trabalhar em algo que eu tinha interesse e era bom. Além disso, ter um carro da companhia naquela idade foi uma emoção, e eu também tinha acesso a equipamentos fotográficos, o que servia muito bem ao meu *hobby*.

Naquele tempo, a perspectiva do primeiro emprego parecia recompensadora e estável. O fato de ter de visitar diferentes empresas lhe proporcionava conhecer uma variedade de lugares e de pessoas, mas havia também algumas coisas decepcionantes:

Eu logo dizia "Olá" para o cliente e procurava diagnosticar rapidamente o problema com a máquina. Normalmente, ficava de joelhos procurando pela peça que estivesse com o problema. Mas realizar os consertos significava tornar-se o foco da raiva e das frustrações das pessoas – todo mundo detesta quando sua copiadora fica piscando! A natureza desse ambiente corporativo fazia que eu nunca conseguisse desenvolver um relacionamento melhor com os clientes. Eu sempre corria, fazia o trabalho o mais rápido possível e seguia para o próximo problema. Por outro lado, ver tantas pessoas diferentes era algo que me mantinha interessado. Nunca sabia quem encontraria no próximo trabalho.

Mas Achilles estava desconfiado das substâncias químicas com que lidava. O *toner* é uma substância cancerígena e os engenheiros de certas máquinas estão em contato direto com ela. Isso não saía de sua mente. Além do mais, na medida em que ficava mais velho e continuava a ficar de joelhos todos os dias, as exigências físicas do trabalho tornaram-se mais difíceis. Ele tornou-se consciente de que seria pouco provável poder continuar naquele emprego até a aposentadoria nessas condições. E, no final das contas, o maior problema para Achilles foi o tédio. Então, por que ficou no trabalho por 18 anos? O que o impediu de ir embora?

Eu estava pagando a hipoteca da casa de minha família e precisava de uma renda fixa. Mesmo assim, eu teria saído do trabalho antes, mas não acreditava ser capaz de fazer qualquer outra coisa que não fosse consertar máquinas. Não quis arriscar. E era muito mais cômodo ficar onde estava. Estive feliz por muito tempo, concentrando-me em meus outros interesses além do trabalho (atuar em teatro, ser DJ em casamentos, cantar no coral, trabalhar como engenheiro de som). Eu tinha estreita amizade com outros membros da equipe, o que me distraía da monotonia do trabalho. Eu ia ao mercado, fazia peixe e carne para o pessoal, e nos divertíamos juntos nas "sextas-feiras de souvlaki" (da culinária grega).

Achilles era claramente um "fazedor", com atividades fora do trabalho bastante gratificantes. Sua personalidade extrovertida garantiu que ele se engajasse num emprego e com seus colegas de trabalho. Era um trabalho relacionado a pessoas e que exigia interação. Mas finalmente ele precisava mudar. Então, o que finalmente motivou Achilles a superar seus medos de "arriscar tudo" e realizar uma mudança de carreira bem-sucedida?

Não foi apenas a repetição de tarefas e a falta de desafio, é que eu tenho tantos outros interesses que me atraem que aquele trabalho fez-me pensar que eu estava desperdiçando minha vida. Cheguei a um ponto em que não podia mais suportar o tédio e o desperdício de meu potencial. Comecei a sentir-me preso, o que me deixou muito deprimido. Cheguei ao ponto em que a dor de ficar naquele emprego era pior do que o risco de fazer algo novo. Tornou-se óbvio que usar o trabalho para apoiar meus interesses externos já não era suficiente.

E determinado interesse extracurricular estava exigindo cada vez mais a atenção de Achilles – a vinicultura. Ele finalmente tinha acabado de pagar a hipoteca da casa da família e também tinha conhecido Clare, que se tornaria sua esposa. Os pais dela haviam comprado a casa dos sonhos no campo, onde possuíam um pequeno vinhedo e uma adega. Achilles redescobriu algo que fazia na infância, quando começou a tomar parte ativa na vinícola:

Eu sempre fiz vinho com meu pai em casa. Ele aprendeu a fazer isso com meu avô, que era vinicultor na Grécia. Então, recebi encorajamento de meu sogro para aperfeiçoar minhas técnicas tradicionais fazendo um curso regular. Voltei a estudar a ciência do vinho na escola noturna. Adoro fazer coisas. Ser capaz de criar alguma coisa a partir de uma fonte natural, pegar uma fruta, uma humilde uva, e transformá-la em algo nobre como o vinho. Intriga-me observar essa mudança de estado e todo o processo bioquímico que envolve a transformação da uva em vinho. É aí que satisfaço meu interesse na ciência; para mim, é onde a ciência encontra a arte. Tenho uma satisfação imensa de ser capaz de manipular esse processo e, de certa forma, controlar o resultado final, quando necessário. Meu objetivo é deixar que a natureza tome conta das coisas o máximo que for possível, como tem acontecido há seis mil anos – isso é algo que as grandes vinícolas comerciais não fazem. Considero que meu trabalho é ser o zelador da jornada do vinho. Fico extasiado ao vê-lo criar vida própria ao mudar de estado mais uma vez, durante o processo de maturação. E, finalmente, adoro ver as pessoas bebendo e apreciando o que ajudei a fazer. Acima de tudo, a vinicultura é tão especial para mim porque sinto-me conectado com os antigos. As civilizações mediterrâneas foram construídas com o cultivo das vinhas, e de algum modo esse lado grego está em meu sangue. Existe algo a respeito disso que me ajuda a manifestar minha etnia. A vinicultura equilibra minhas aspirações criativas com meus interesses científicos. Embora houvesse criatividade na engenharia mecânica, depois de 18 anos isso acabou perdendo-se de mim. Meus interesses migraram para bem longe da eletrônica.

Achilles dedicou certo tempo para fazer algumas pesquisas a respeito de seu novo *hobby*, para verificar se era aí que estava a sua nova carreira. Enquanto ainda estava no antigo emprego, tirou três meses de licença no trabalho e passou esse tempo fazendo vinho para uma grande empresa na Grécia. Aproveitou também para realizar o sonho de viajar pelas regiões vinícolas da França. Cada vez mais Achilles desejava ser reconhecido como produtor de vinho. Ele introduziu seus vinhos em exposições amadoras e começou a vendê-los com algum êxito. E foram esses pequenos êxitos que o encorajaram a acreditar que poderia tornar-se algo mais do que engenheiro de fotocopiadoras:

> Pela primeira vez, eu conseguia enxergar as possibilidades de ter um bom meio de vida a partir de algo que

achava interessante e criativo. Esse seria o trabalho perfeito para mim. Agora que o encontrei, preciso ser confiante para torná-lo realidade.

E foi "fazer as coisas", o que deu a confiança a Achilles. Ao começar a mergulhar fundo nesse novo mundo, os contatos e as oportunidades apareceram. Um colega de um curso de vinhos em que havia se matriculado falou-lhe sobre um cargo numa distribuidora de vinhos. Aquela posição estava disponível fazia alguns meses e a empresa estava à procura de alguém que pudesse começar rapidamente. Achilles agarrou essa chance, mas lembrou-se de que fazia 18 anos que não passava por uma entrevista de emprego!

O processo de reescrever meu currículo fez-me ver quantas competências eu realmente possuo. Ver escrito no papel tudo o que posso oferecer deu-me confiança. Deixou tudo bem mais concreto. Mesmo que eu nunca tivesse trabalhado na área de vendas, eu tinha a confiança de poder oferecer bastante conhecimento e experiência. "Quanto isso pode ser difícil?", perguntei a mim mesmo. Com relação ao restante, eu podia aprender. Então fui fazer a entrevista. Estava apavorado, mas segui em frente e comprei um terno novo. Pelo menos estava bem vestido! Eu e a pessoa que me entrevistou demo-nos bem instantaneamente, o que me acalmou, e 20 minutos depois de ter terminado a entrevista, ligaram-me oferecendo o cargo. Parecia bom demais para ser verdade. "Não pode ser assim tão fácil", pensei. Por que eu tinha demorado todos aqueles anos? Eu acho que passei por essa experiência quase sem esforço porque o momento era o correto e encontrei um bom lugar. Depois de um mês da entrevista, eu estava em um emprego completamente novo pela primeira vez em 19 anos. Foi surreal.

E assim Achilles arrumou um trabalho de vendedor de vinhos para restaurantes, representando uma das maiores empresas do ramo da Austrália, controlada pela mesma família. Ele continua a trabalhar na vinícola da butique do ramo dos sogros, que fica duas horas ao norte de Melbourne. Achilles espera estar fabricando e vendendo seu próprio vinho em tempo integral muito em breve. Mas, por ora, ele está bastante feliz por não pertencer mais ao mundo das fotocopiadoras e de ter-se lançado com sucesso na indústria que ama.
Ele teria feito algo de modo diferente? Seu único arrependimento foi não ter esclarecido alguns pormenores com seu novo empregador antes de aceitar o trabalho – de forma que suas expectativas pudessem ter sido mais claras. E, também, se fosse repetir os passos, teria tirado uma folga entre o velho e o novo emprego:

> Saí do antigo emprego numa sexta-feira e comecei no novo na segunda. Não tive a chance de me reinventar. Acho que se eu tivesse me proporcionado um tempo para refletir sobre o passado e chegar a algum tipo de conclusão, minha adaptação ao novo papel não teria sido tão difícil.

O maior desafio para Achilles tem sido a preocupação quanto a se ele pode ou não fazer o trabalho: "A única maneira de superar minha ansiedade foi seguir em frente e fazer o trabalho. Enfrentar o medo e acreditar em mim".
Achilles adora seu novo trabalho, mas ainda está se sintonizando nos aspectos da nova carreira de que realmente gosta. Ele não pretende ficar parado. Tem uma ideia clara de onde deseja estar no futuro. Mas ainda passa por dias de baixa autoestima, como no seu antigo trabalho, ao sentir-se frustrado por seu potencial criativo não estar sendo plenamente realizado. Então, procura concentrar-se no

objetivo de transferir suas habilidades de venda do vinho *dos outros* para comercializar o *seu próprio*. Mas há outros aspectos no trabalho dos quais realmente gosta:

Nesse meu novo papel, ensino muitas pessoas a respeito do vinho, entre as quais, os jovens garçons. Muitas vezes, essa é a primeira oportunidade real de essas pessoas conhecerem vinho, e eu adoro quando há bastante interesse da parte delas, pois me dá um sentido de realização. Estou até considerando o fato de meu próximo projeto profissional também envolver esse trabalho "educativo".

Poucos vinicultores têm a capacidade de fazer e comercializar seu próprio vinho, por isso consegui habilidades inestimáveis que vão me transformar num "pacote completo". Foi uma grande decisão trabalhar para uma companhia maior, dando um passo intermediário em vez de ir diretamente para minha empreitada independente. Essa experiência tem-me dado a confiança necessária para preparar meu próximo passo da mudança.

Nos últimos anos, participei de algumas competições e recebi alguns prêmios pelos meus vinhos, com destaque para o recebimento de medalha de prata em Paris e em Bruxelas. Neste ano, o meu vinho foi classificado como o melhor, o que me deixou muito orgulhoso. Considerei isso como um sinal de que estou pronto para tornar-me um "verdadeiro" produtor. Não é necessário mais nada para me convencer de que já tenho o que é preciso. Meu objetivo agora é combinar esse sucesso com a confiança que obtive nos relacionamentos com os donos de restaurante. Sei que agregar minha habilidade de relacionar-me com as pessoas ao meu amor pela vinicultura será um sucesso. Não pretendo obter rios de dinheiro, apenas o suficiente para pagar as contas. Para mim, sucesso significa fazer aquilo que realmente me interessa. Mesmo sabendo que isso pode levar alguns anos, está tudo bem.

OS CONSELHOS DE ACHILLES

1. Procurar conselhos profissionais pode ser útil. Um psicólogo ajudou-me a analisar os motivos de eu permanecer na rotina e a trabalhar minha autoconfiança.

2. Se você sente-se preso, algumas ideias para uma possível mudança de carreira podem surgir com outras atividades que você realize fora do local de trabalho e que lhe deem entusiasmo. As paixões da infância podem ser uma chave para o futuro.

3. Fazer uma grande mudança não é como sair do preto para o branco, mas sim viajar lentamente por um ambiente cinzento.

CONTAGEM REGRESSIVA PARA SEU EMPREGO DOS SONHOS
Aconselhamento de carreira por Carole Ann

ADIAR DECISÕES

Algumas vezes, podemos meditar sobre uma situação muitas e muitas vezes até ficarmos paralisados, congelados. Os prós e os contras deixam de lhe ajudar, os amigos e a família já estão cansados de dar-lhe conselhos e não aguentam mais ouvir seus resmungos de que você se sente preso – e, ainda assim, você analisa os fatos e estuda infinitas possibilidades até descobrir-se preso no lugar original.

Adiar as coisas indefinidamente pode parecer o ponto de menor resistência, mas, na realidade, é uma agonia, e quanto mais você atola-se na dúvida, mais doloroso tudo se torna. Em suma, é um comportamento baseado no medo; no fundo, há em você algo assustador que não deseja enfrentar.

Quando damos aconselhamentos profissionais, trabalhamos para ajudar as pessoas a sair da inércia e a entrar em ação, definindo pequenas tarefas e dando "passinhos de bebê". Falamos um bocado sobre o "fazer" neste capítulo, e a chave é *entrar em ação*. Energia gera energia, e cada ação e cada passo, não importa se forem pequenos, serão uma etapa que o levará para mais perto do que está procurando.

Durante o processo do "fazer", você também aprende que pode parecer imprudente mergulhar em algo sem analisar cada detalhe, mas a recompensa é que isso se torna estranhamente liberador, e a prudência acaba por transformar-se em "Eu posso".

- O que você pode fazer agora mesmo para avançar a algum ponto mais próximo de seu trabalho dos sonhos?
- Quem você conhece que pode ajudá-lo de algum modo?
- O que você está esperando exatamente?

O PLANO DE AÇÃO DE CAROLE ANN

1. Deixe de pensar e comece a agir. Podemos viver em castelos invisíveis mas isso não nos levará a lugar algum. AÇÃO É TUDO.

2. Comece a ser curioso – investigue cursos noturnos, procure em livros e websites, pesquise e torne isso tão divertido quanto possível, desfrutando de todo o processo.

3. Faça algo todos os dias que o ajude a manter vivo o seu sonho.

4. No site www.scienceofgettingrich.net, em inglês, você pode obter inspiração e motivações bastante peculiares.

5. Lembre-se de que nada está perdido – mesmo o que não deu certo, de alguma maneira mostrou-lhe algo.

6. Lembre-se do aqui e agora, acrescentando brilho e valor a tudo o que faz (até mesmo em seu trabalho diário), e também no encontro com as pessoas. Isso será recompensador. Faça um esforço extra.

CAPÍTULO 6
REFLEXÃO

Na vida, você tem apenas uma chance. Ou você faz besteiras ou banalidades, ou faz uma salada de frango.*

* Na tradução, o trocadilho se perde. A frase original é "… make chicken shit or chicken salad."[9]

Ao colocar em prática o ato de *fazer* as coisas, detalhado no capítulo anterior, você obterá novos conhecimentos e autoconhecimento. Agora é o momento de plena internalização das novas informações que você está adquirindo. Pode parecer uma situação opressiva, e talvez ainda falte-lhe clareza e nenhum caminho com significado pode ter aparecido, apesar de todos os seus esforços.

É tempo de fazer um balanço e refletir. A inércia presente neste estágio pode, muitas vezes, conduzir à exaustão. Essa é uma queixa comum dos que estão buscando uma mudança de carreira, tentando fazer malabarismos entre as exigências do velho mundo em que vivia e a necessidade de realizar explorações para a nova vida que se deseja. Tanto esforço sem nada ter sido apresentado. Qual é o sentido disso? Não é mais fácil aceitar o sofrimento em que você está imerso do que o terrível "não saber" que está sendo revelado?

Lembre-se de que encontrar um novo emprego muitas vezes torna-se um projeto em tempo integral e não vai surgir imediatamente, como muitas dessas histórias demonstraram.

As recompensas são altas. A vida e o trabalho que você vai adorar acrescentarão significado e propósito a tudo o que fizer. Vale a pena pesquisar. Assim que a fase do *fazer* colocar-se em marcha, você poderá descobrir rapidamente que uma nova e atraente visão está à sua espera. Se a sua exploração não resultar em uma imediata vocação ou em uma nova oportunidade de trabalho rapidamente, você poderá achar que o tempo gasto nessa investigação foi improdutivo. O desespero e o desânimo começam a acenar-lhe.

FALANDO SÉRIO

É perfeitamente normal passar por essa fase de "bater contra a parede", quando parece que você tentou de tudo e

nada aconteceu. No entanto, nos bastidores do seu psiquismo, ocorre uma reviravolta.
Reflita sobre o que tem acontecido. Pergunte-se:

• O que funciona e o que não funciona para você?
• O que você sabe agora que não sabia antes?
• O medo faz parte do modo como está se sentindo?
• Seu crítico interno (*Você nunca vai fazer isso. Ninguém vai querer você*) está fazendo hora extra?
• Você não tem direito à felicidade e ao sucesso?

É importante nesta fase reconhecer tudo o que você tem aprendido.

Tudo o que fizer agora vai apenas dar-lhe mais informação, no entanto fará com que você se mova cada vez mais para longe da sua rotina habitual. Você está no caminho para algo novo. Isso é emocionante.

Se você estiver procurando uma grande mudança de carreira e não tem um caminho claro, a realidade é que isso pode levar um ou dois anos – em alguns casos, ainda mais tempo. Pode ser que você tenha desistido de suas primeiras intenções, ou quem sabe voltará várias vezes às mesmas ideias. Embora pareça que Patrick, de um capítulo anterior, tenha reavaliado seu futuro em uma semana, ele vinha, de fato, ponderando sobre a mudança durante anos. Assim como Jenni, que aparentemente entregou sua demissão "do nada", na verdade vinha procurando seriamente outra alternativa profissional por um ano e meio, e ansiou por essa mudança durante sete anos.

Dar a você mesmo esse período de avaliação e reflexão é vital na definição do que você acha útil e agradável, de quais são suas prioridades, de onde residem seus talentos e de quais são as habilidades ou experiências que precisa adquirir para o futuro que realmente deseja para si. No processo de autodescoberta, o trabalho e o estilo de vida que lhe permitirão sentir-se "você mesmo" se tornarão evidentes. E encontrar um momento de reflexão é parte vital desse processo. Um dia de folga, uma caminhada, férias, ficar olhando pela janela são novas oportunidades potenciais para que o cérebro encontre um espaço para analisar, divertir-se e ser criativo sobre o futuro. Deborah, no capítulo 5, ficou olhando pela janela e evocou uma visão de todo o seu futuro plano de negócios. A clareza com que as ideias podem chegar, uma vez que estejam fora da rotina diária, é extremamente gratificante!

DICA NOTA DEZ
Ou a vida é uma aventura, ou não é nada.

Durante sua busca pelo emprego dos sonhos, pense em como você poderá tornar esse processo mais fácil. Talvez você esteja com a impressão de que tudo na vida tem de ser uma batalha feroz e de que nada vem facilmente. E talvez esteja incorporando muito bem essa ideia em sua atitude com relação ao trabalho – o seu e o das outras pessoas. E pode muito bem estar pensando que qualquer coisa que valha a pena seja parecida com o ato de caminhar sobre vidros quebrados.
    Se é isso que acha, então é assim que as coisas serão. Mas e se tudo for mais fácil? E se você não tiver de lutar tanto? Pode ser que seu futuro emprego esteja bem diante de você, mas nunca tenha pensado nele como sendo "o certo" para você. Permita-se acreditar na possibilidade de que pode ganhar dinheiro com algo de que gosta de fazer.

Talvez você devesse fazer uma escolha – a escolha de não lutar. Você irá se divertir, brincar. E quando tudo ficar complicado, escolha um caminho mais fácil. Deixe as coisas mais simples. Tanya estava tão convencida de que realizar seu sonho seria uma luta, que iria falhar, que desistiu antes mesmo de tentar!

ELA CONSEGUIU

Tanya
Idade: aproximadamente 30 anos
Era: funcionária de uma ONG
Agora: jornalista na África do Sul
Chave para o sucesso: superar o medo do fracasso
Paixão: escrever

O que pode acontecer se você negar a si mesmo a oportunidade de alcançar seu potencial? O que pode acontecer se o medo ficar preso em sua garganta, obrigando-o a permanecer parado no lugar? Você, alegremente, fica vendo o tempo passar, enquanto continua preso nessa armadilha, amedrontado demais para perseguir seus sonhos?

Tanya sabia exatamente qual era o sonho dela – ser jornalista em sua terra natal, a África do Sul. Mas seu medo de fracassar era grande demais para ela perseguir esse sonho.

Então, descobriu a desculpa perfeita para nem mesmo tentar. Em Joanesburgo não havia nenhuma universidade com curso de jornalismo, e seus pais não tinham condições de mandá-la estudar fora. Ela disse a si mesma: "Eu poderia ter sido uma jornalista brilhante, mas...".

Mera DESCULPA.

Em vez de ao menos tentar, Tanya arrumou um trabalho numa organização não-governamental. Claro que isso era válido, mas não era uma função que lhe possibilitasse escrever o quanto queria. O que ela fazia era preparar materiais para conferências sobre resolução de conflitos:

Em 1996, quando a África do Sul ainda estava se recuperando da devastação causada pelo apartheid, fiquei muito feliz em ser convidada para um trabalho em uma ONG na Cidade do Cabo. Aos olhos do mundo, o momento histórico havia sido em 1994, com nossa primeira eleição democrática. Mas, para a grande maioria dos sul-africanos, aquele foi apenas o começo simbólico de uma longa jornada rumo à verdadeira liberação.

Eu sabia que, ao trabalhar no setor das ONGs, poderia contribuir com os resultados imediatos do que havia acontecido aqui. Meu mundo não era o da política, nem o das leis ou de planos de crescimento econômico. Ao contrário, era um mundo onde sábias anciãs que viviam em uma pobreza abjeta estavam aprendendo técnicas de mediação e resolução de conflitos em suas comunidades. Adolescentes de regiões carentes estavam tornando-se educadores notáveis, enquanto professores aprendiam as capacitações necessárias para dar esperanças para as gerações futuras.

Era um trabalho de grande valor e, muitas vezes, interessante. Mas não era com isso que ela sonhava. Uma pequena parte do seu trabalho envolvia a redação e a edição da revista interna da organização. Ela concentrou-se nesse mínimo aspecto do seu trabalho, o que lhe permitiu escrever sobre os projetos inspiradores em que trabalhava:

Escrevi sobre um projeto de hortas comunitárias e entrevistei um homem de cerca de 70 anos que cuidava de uma pequena área agrícola. O contexto era a estéril e desolada paisagem de Cape Flats, na parte ocidental do Cabo. Essa terra, desprovida de qualquer vegetação natural, tinha sido atribuída às "pessoas de cor" durante o apartheid. "De manhã", ele disse-me, "eu acordo por causa daqueles legumes. Antes, não tinha nenhum motivo para me levantar. Mas agora, quando penso em meus pés de espinafre e repolho, que preciso cuidar, chuto minhas cobertas longe." Sua face se iluminava como a de um rapazinho.

Eram momentos como esse que confirmavam quanto eu gostava de ouvir as histórias das pessoas e depois recontá-las jornalisticamente, onde o contexto, as análises e outros pontos de vista podem também ser combinados.

Mesmo essa pequena oportunidade de escrever deu-lhe ânimo e pontos ao seu favor. Mas ainda não representava "o escrever como meio de vida", que Tanya sabia ser sua meta. E a irritação tomou seu lugar:

> Depois de dois anos na ONG, percebi que aquilo não estava certo. Mas, como sou uma pessoa cautelosa, não tive coragem de abandonar tudo naquela hora. Fiquei ali, focando o que era positivo, mas no fundo sabia que precisava seguir adiante. Claro, qualquer um que tenha o mínimo de consciência pode conseguir prazer trabalhando para uma organização que está, de alguma forma, proporcionando desenvolvimento; mas os resultados não eram imediatos, o que eu achava frustrante. O que me dava mais emoção era quando escrevia os artigos, pois tinha de pegar a caneta e colocar no papel que uma pessoa como aquela, que antes estava desempregada, trabalhava, agora, com o cultivo de legumes.
> Outra coisa é que a cultura das ONGs na África do Sul era muito demorada, tudo era tão democrático! Tínhamos longas reuniões sobre trabalho em equipe e outros assuntos emotivos. Eu queria prazos, adrenalina e um editor que quisesse tudo para ontem! Eu gostava de verdade do trabalho na ONG na maioria das vezes, aquilo me moldou como

pessoa e conheci indivíduos incríveis, mas em geral meu temperamento não era talhado para aquilo.

Apesar de não ter temperamento para isso, Tanya ficou quatro anos nessa ONG. Mas, durante esse tempo, ela obviamente avaliou e refletiu sobre quais elementos do trabalho apreciava e quais simplesmente não serviam para ela. Na busca por um trabalho que trouxesse resultados mais rápidos, Tanya interrompeu a estagnação e foi trabalhar para outra ONG. Isso durou apenas dois meses:

> Eu pensei que talvez fosse mais satisfatório trabalhar com a educação pura e simples. Talvez fosse mais interativo e, assim, eu poderia ver os resultados dos seminários mais facilmente do que apenas desenvolver os materiais respectivos. Mas foi quando percebi que esse caminho era totalmente errado! Ao refletir a respeito, entendi que havia escolhido o puro ensino e não a escrita. Quando comecei a trabalhar lá, estava muito zangada comigo por ter me mudado para um trabalho que detestava. Eu sentia como se estivesse num buraco e não pudesse sair dele. E era a primeira vez na minha vida em que meus chefes não gostavam de mim. Tudo aquilo não me parecia direito.

Tanya precisava de uma mudança, qualquer que fosse ela, para sair daquela rotina na qual estava começando a afundar. Ao fazer algo diferente, foi capaz de analisar os motivos de sua nova insatisfação e chegar a algumas conclusões. Esse novo papel deixou-a mais infeliz porque a levou para longe do único elemento em seu trabalho anterior de que ela estava começando a gostar de verdade – escrever. Mas, como sempre acontece com as "jogadas erradas", isso provou-lhe ser "seu maior erro e sua maior bênção":

Meu chefe chamou-me um dia e disse: "Você parece infeliz demais aqui. Seus antigos colegas falam que você é uma pessoa motivada, que conversa bastante e que é carismática. Mas tudo o que vejo é alguém quieto, retirado e deprimido. É como se estivéssemos falando de duas pessoas diferentes." Embora aquele novo emprego me parecesse o movimento errado, se eu não tivesse feito alguma mudança talvez permanecesse no antigo emprego para sempre. Eu tinha de ter ido para um péssimo trabalho antes de poder dizer "Está bem, o que eu quero fazer agora?".

Aquelas novas circunstâncias obrigaram Tanya a recuar e a pensar seriamente sobre o que queria. Havia certos elementos de que ela gostava no trabalho – encontrar as pessoas, entrar em mundos diferentes, escrever:

Refletindo sobre a experiência, aprendi que se você estiver feliz num trabalho e sentindo-se motivado, então deve ficar lá, mas, se estiver apenas contente com ele, então é hora de partir. Parece certo para mim que, quando me sinto na zona de conforto, então é hora de seguir em frente se pretendo crescer como pessoa. Isso tem-me animado bastante desde então. Existe algo em mim que se soprepõe quando percebo que é hora de avançar. Assim, eu teimo um pouco e exito sobre o assunto, o que deixa todo mundo louco durante todo o processo. Você é capaz de reconhecer algo legal, mas se isso for cômodo demais e nem um pouco desafiador, é preciso, então, tomar uma atitude. Mas, se realmente você se prender a um lugar, será por causa do medo, não porque está curtindo a situação. Você está morrendo de medo de pular daquele navio para o outro.

O trabalho na ONG foi altamente gratificante. Quando Tanya avaliou o passado para alimentar o futuro, percebeu que desejava trabalhar num campo correlato e fazer parte da reconstrução da África do Sul. Ela foi inspirada pela variedade que, de vez em quando, fazia parte de seu trabalho. Mas notou também que ficava a maior parte do tempo insatisfeita quando tinha de passar dias e semanas inteiras sentada no escritório. Ela detestava ficar parada no mesmo lugar o dia inteiro. Assim, concluiu que, se procurasse o jornalismo, teria mais do que tanto amava, sem as coisas de que não gostava. Traçou então uma forma de avançar:

> Tive meu momento de "eureka" logo depois de ser chamada pelo meu chefe. Estava em meu carro pensando sobre todas as coisas. Disse a mim mesma: "Eu sei que não quero trabalhar lá, não quero ser instrutora, não quero trabalhar numa ONG. Ainda pretendo ser jornalista". Era uma situação do tipo *matar ou morrer*. Eu poderia ficar me lamentando em outros empregos pelo resto da minha vida ou correr atrás do que poderia me satisfazer, mas morria de medo disso. Eu tinha de chegar à beira do precipício antes de tomar uma decisão.

Tanya entregou sua demissão. Chorou convulsivamente de alívio. Agora não havia mais desculpas, mas aquelas eram também lágrimas de ansiedade pelo futuro desconhecido. Mas embora fosse amedrontador perseguir uma carreira no jornalismo, a perspectiva de passar anos presa num trabalho que odiava tornou-se muito mais assustadora:

> Solicitei uma vaga em uma universidade que só admitia dez alunos para o curso que eu queria fazer. Estava morrendo de medo de ser aceita! Então, recebi uma carta dizendo que *havia sido* aceita. Foi quando disse a mim mesma: "Bem, essa faculdade é cara demais!". (Ainda havia aquelas cláusulas de desistência, mas era o medo quem estava falando.)

Então, meu pai disse-me que eu deveria perseguir meus sonhos e que ele pagaria a universidade por um ano para que eu pudesse estudar sem ter de trabalhar. Disse também que eu era uma felizarda por ter descoberto a única coisa que me fazia brilhar os olhos. É verdade. Eu tinha tentado ver pontos positivos em outros trabalhos, mas nada me fazia saltar até a lua, a não ser o jornalismo. Estava com 27 anos naquela altura, e era uma perspectiva bastante intimidante ter de me mudar para uma pequena cidade universitária onde ninguém me conhecia e descobrir que eu era muito mais velha do que os outros alunos. Era aterrador, mas vendi tudo o que foi preciso, coloquei as bagagens no carro e dirigi até o leste do Cabo durante oito horas para começar o ano que me tornaria uma jornalista DE VERDADE.

Tanya finalmente fez o que precisava – abandonara um trabalho que não mais a completava e ousara perseguir o sonho que há tanto tempo negara a si mesma. Ela percebeu que qualquer outro trabalho seria apenas a segunda opção. O jornalismo cabia no resumo de carreira que havia desenhado. E depois, como foi quando ela finalmente chegou à faculdade de jornalismo e se adaptou à vida estudantil e comunal?

Lá estava a oportunidade de ser o que eu sempre quis. Eu não era mais a filha, a irmã, ou a pessoa que trabalhava para uma ONG, era apenas *eu mesma*! Aprendi um bocado sobre mim mesma e também que era capaz de fazer amigos, mesmo se estivesse rodeada por estranhos. Essa experiência realmente destacou meus pontos fortes e minhas fraquezas.

Aquele foi o ano mais incrível que já vivi, mas também o mais difícil. As aulas eram surpreendentes e, enquanto eu me sentava ali, sentia-me em casa. Eu sabia que aquilo era exatamente o que me interessava. Foi uma aposta incrível, mas a partir do momento em que cheguei lá não duvidei por um instante sobre a escolha que fiz. Consegui tarefas logo que cheguei e em breve atingi o topo. Fazer aquilo era muito natural para mim. Eu sabia que era meu chamado, minha vocação. Tudo foi incrível – e tornou-se claro, muito rapidamente, que eu ia ser muito boa naquilo e que havia encontrado a coisa certa. Eu passei de ano laureada.

Assim que o curso terminou, Tanya voltou para casa em Joanesburgo e viu-se sentada no quarto, girando os polegares e sem nenhum emprego. Quando começou a entrar em pânico, candidatou-se a um emprego de editora assistente no *Star*, um prestigioso jornal diário de grande circulação na África do Sul. Mas isso ainda não era *escrever*. Depois de três semanas sem obter notícia nenhuma, ela inscreveu-se para tentar conseguir uma bolsa de pós-graduação em jornalismo. Três dias mais tarde, ela conseguiu as duas coisas. Tanya não sabia se escolhia continuar estudando ou se ia manter um emprego de período integral. Então decidiu fazer *os dois*.

O que se seguiu foi um ano complicado. Além do novo trabalho e do estudo, o pai de Tanya foi diagnosticado com câncer. Ela trabalhava como editora assistente das sete da manhã às três da tarde e fazia as aulas das quatro até as seis da tarde. Trabalhar como editora assistente era muito mais desgastante do que escrever. Ela então visitava o pai todas as noites. A sede de conhecimento do pai se equiparava à dela própria e ele, então, foi fazer um curso para aprender a escrever biografias. Tanya passava um tempo precioso com ele, compartilhando seus interesses e participando de algumas das palestras desse curso.

Como se isso não bastasse, Tanya também estava escrevendo sua tese da pós: "Foi um ano absolutamente desgastante. Mas meu sonho estava começando a tornar-se realidade. Eu tinha um emprego em minha área e fazer aquela pós era muito gratificante". Embora não fosse ligada à redação, a função de editora assistente deu a seu trabalho bastante experiência e foi uma maneira de começar. Ela aprendeu muito sobre o jornalismo e sobre os eventos relacionados a esse trabalho, e, como preparação para qualquer posição de redatora no futuro, ela continuou a atualizar seu currículo e escreveu alguns artigos, além do trabalho diurno:

> Aquele ano quase me matou, mas trabalhei em tempo integral e ainda concluí minha pós. Minha formatura foi dois dias antes de meu pai falecer. Mas ele me deixou o presente mais valioso de todos – a liberdade e a coragem de voltar ao meu sonho original do jornalismo.

Enquanto Tanya trabalhava como editora assistente, apareceram dois anúncios ao cargo de redator, um na página de cultura e outro na reportagem. Ela admite que ainda não tinha coragem suficiente para passar para a reportagem. Então, ela deu um passo pequeno e candidatou-se ao cargo com o qual se sentia mais à vontade – na seção de cultura. Ela conhecia bastante sobre cinema, música e artes. Aquele era o momento em que Tanya precisava provar a si mesma que era capaz de dar um passo para dentro do mundo da escrita em tempo integral. Depois de uma boa entrevista, o trabalho foi-lhe oferecido e ela começou a se preparar. Superou o medo de ser competitiva e embarcou no esquema da competição. Também começou a sugerir ideias para matérias, como forma de enfrentar seu medo da reportagem:

> Como eu estava numa posição segura, sabendo que não esperavam de mim aquelas sugestões como parte de meu trabalho como redatora de cultura, eu podia jogar ideias novas sobre cultura jovem e de periferia para a principal seção do jornal. Fui em frente e continuei pressionando. Eu tinha muito medo de ir diretamente à sala de reportagem,

mas fazer desse modo fez-me sentir que eu poderia lançar ideias sem parecer uma boba.

Depois de um ano, ela reconheceu a familiar zona de conforto começando a se materializar de novo. E precisou de mais um ano para fazer o movimento. Mas como havia construído sua confiança ao longo do tempo, pôde candidatar-se a um trabalho na reportagem e, dessa vez, deu certo:

> Quando já estava no cargo, tendo a segurança necessária, pude negociar o tipo de trabalho que refletiria o que eu sabia fazer melhor. Eu não queria cuidar das notícias da primeira página. Tumultos e tiroteios podem excitar algumas pessoas, mas não a mim. Estou mais interessada em conversar com as famílias uma semana depois dos fatos e explorar o subproduto da violência na África do Sul.

Então, depois de toda aquela ansiedade, estava ela ali na redação, onde as fofocas e o ato de pisar nos outros faziam parte do negócio. Como ela enfrentou isso?

> Achei muito difícil de engolir. Mas é o preço que se paga quando se faz aquilo que ama. A animosidade contra mim nunca foi muito evidente, mas eu experimentei a enorme competitividade na sala de reportagem. Eu acho que deve ser universal a baixaria entre os editores assistentes e os repórteres.

Tanya foi promovida a jornalista sênior na seção de reportagem e é agora a orgulhosa detentora de dois prêmios nacionais e dois internacionais.

Imagine se ela tivesse continuado presa ao medo, impedida de conseguir seu trabalho perfeito e de aproveitar o seu potencial, permanecendo sem coragem de perseguir seu sonho. Que história diferente teria sido. Num trabalho que ela detestava, cada vez mais infeliz, começando a aborrecer os amigos e a família. Você não acha que seria um desperdício? Tendo saído de uma posição de medo para outra de realização, o que ela pensa hoje de sua própria mudança de carreira?

É incrível. Eu acho que a chave é que eu sempre procurei ativamente por mim mesma. Nos vários estágios de minha vida, sempre fiz alguma coisa para ir adiante. Quando olho para trás, quando ainda não sabia o que fazer em termos de carreira, fiz cursos fora do trabalho para garantir que não ficaria presa novamente naquela agradável zona de conforto. Como eu já havia estado por lá no passado – e sei muito bem para onde isso nos leva –, continuei na aprendizagem. E finalmente encontrei a coragem para correr atrás do que eu desejava de verdade. Com meus 20 anos, eu provavelmente tinha o talento para escrever, mas não a coragem para concretizar isso.

Refletir sobre o passado provou ser uma força poderosa para moldar o futuro. Tanya é uma pessoa que agora começa ela própria as mudanças em sua vida. Ela mantém-se em movimento, estimulada, informada e bem-disposta:

Depois de sete anos, eu estava num dilema. Tinha uma filha pequena e um ótimo emprego, mas sentia-me cheia de Joanesburgo. Então, há um ano, deixei o *Star* e mudei-me com minha filha e meu marido para a Cidade do Cabo. Aquilo foi uma aposta, porque eu não tinha certeza se havia bastante trabalho de *freelancer*, e era desolador sair de um emprego que eu adorava. Mas acontece que há uma abundância de trabalho *freelancer*, e agora posso escolher projetos específicos que me deem o tempo suficiente para ser bastante cuidadosa na escrita e nas pesquisas. Atualmente estou envolvida em cinco projetos sobre assassinatos e abuso de crianças na África do Sul. Esses projetos permitem-me realmente mergulhar no assunto e fazer a cobertura dos fatos do jeito que eu quero. Eu ainda vejo mundos diferentes, mas posso me aprofundar em vez de repetidamente escrever artigos específicos.

OS CONSELHOS DE TANYA

1. Procure identificar claramente o que alegra seu coração. Não o que seu pai, seu(sua) namorado(a) ou seus amigos acham que você deve fazer. Descubra o que o inspira. Você ficará emocionado quando isso acontecer.

2. Organize um plano concreto. Não se permita desviar-se ou vacilar quanto a esse plano. Não invente desculpas dizendo que esse não é o tempo certo ou "Vou fazer isso aqui, enquanto...".

3. Pense em você mesmo deitado em seu leito de morte um dia. O que você preferia dizer: "Passei mais de 20 anos naquela empresa porque tinha muito medo de mudar as coisas" ou "Dei um tremendo passo de fé e isso foi amedrontador, mas só se vive uma vez"?

E o que Tanya estaria fazendo se ela não tivesse tido coragem de perseguir sua "vocação"? Depois de muita hesitação, ela respondeu: "Eu simplesmente não consigo me imaginar fazendo outra coisa".

DICA NOTA DEZ
Sucesso = fazer aquilo que você disse que faria com facilidade.

CONTAGEM REGRESSIVA PARA SEU EMPREGO DOS SONHOS
Aconselhamento de carreira por Carole Ann

CONFIANÇA E CRENÇA

Qualquer pessoa que já tenha feito uma dieta sabe que, cedo ou tarde, ela vai atingir um platô. A pessoa fica toda animada, seu peso está diminuindo e a cintura está ficando mais fina, e ela até passa a gostar mais de iogurte e de brócolis cozidos. Então chega um momento em que parece que tudo o que a pessoa esteve fazendo até o momento não funciona mais e ela chega a um impasse. A balança parece não se mexer e surge um enorme desânimo. Ela pode optar por jogar a toalha e passar uma noite inteira comendo uma caixa de chocolate de dois quilos, suspirando, infeliz: "Qual o sentido de tudo isso?". Ou, então, pode fazer um balanço de tudo e reavaliar a sua estratégia.

É aqui que nós começamos a perseguir nossos grandes sonhos. O entusiasmo e o otimismo nos impulsionam para a frente logo no início, quando tudo é novidade e nos sentimos energizados. Mas como podemos manter a fé e ficar firmes se uma porta bate na nossa cara e a outra se recusa a abrir?

Como você pôde ver em vários momentos deste capítulo, a meta a atingir muitas vezes leva-nos a rotas sinuosas e a lugares que não combinam com a nossa visão a respeito de *onde* queremos estar. Mas, retrospectivamente, tais "desvios na estrada" ou "curvas erradas" ainda fazem parte da jornada.

PLANO DE AÇÃO DE CAROLE ANN

1. Pense a respeito dos elementos que você quer ter em sua nova carreira e dos que você deseja eliminar.

2. Não se permita ficar estagnado e chegar a um ponto de impedimento por causa do ritmo dos acontecimentos. E também procure não entrar em pânico se nada muito claro ou estável aparecer imediatamente. Filtre as experiências, obtenha informações graduais e dê a si mesmo um tempo para interiorizá-las.

3. Quando for o momento oportuno, retome a investigação sobre novas carreiras possíveis em vez de ficar estagnado. Não desista. O que realmente importa é manter o ímpeto. Tudo o que você faz vai trazer-lhe uma nova informação e levá-lo para mais longe de seu antigo papel.

4. O que você acha que pode estar mantendo-o preso? Que papel o medo representa em seu modo de pensar neste momento? Pense em algo que você considera mais fácil de fazer, e, sem muito esforço, faça isso. *Agora!*

5. Complete a seguinte declaração: "Se eu soubesse que tudo seria revelado 100% a meu favor, eu teria_____ agora mesmo".

6. Por que não ligar a um amigo que possa vir a ser o seu mentor? Se você tem um amigo que se sente infeliz no trabalho ou que tem uma meta a que almeja, por que não apoiar um ao outro, conversando toda a semana e fazendo algumas sessões de *brainstorming* ou trocando e-mails diários? Mas certifique-se de que essa pessoa seja positiva. Lembre-se de que a infelicidade adora companhia.

7. Você está prendendo-se a uma crença negativa que está minando o seu progresso, do tipo "Eu não mereço mais dinheiro / um bom trabalho / elogios" ou "Eu sabia que isso ia acontecer – nenhuma porta se abre,

tudo vai bem para eles, eu sempre tenho de lutar, a vida é sempre difícil para mim"? Esse é um pensamento de vítima e não é nem um pouco útil. Já está na hora de refazer os pensamentos, usando, por exemplo, "Eu vou ter sucesso", "Eu vou encontrar o que estou procurando", "Escolho investir em mim mesmo", "Sou bom e mereço muito mais". Nossos pensamentos não são reais, mas a gente se torna o que pensa. Então tenha pensamentos bons e incentivadores.

8. Pense profundamente e seja honesto. Quais poderiam ser as recompensas ocultas de ficar preso / infeliz / culpando-se a todo o momento? Isso não é revelador?

CAPÍTULO 7
REESTRUTURAÇÃO

Tentei uma porção de coisas – pintura, murais, ilustração – e eu só conseguia o necessário para o meu sustento, e não chegava a lugar algum. Quando comecei a escrever, foi como encontrar o meu lugar. Eu tive aquela sensação de 'ai, pelo amor de Deus, isto é o que eu deveria estar fazendo'. Assim, o prazer está em encontrar algo em que você seja realmente bom.

A. A. Gill – (crítico gastronômico, no Reino Unido)[10]

Chegou a hora de estabelecer um novo compromisso com sua mudança de carreira e de reestruturar sua vida profissional. Pode ser que você queira diminuir o número de horas de trabalho. Ou que prefira aumentá-las. É importante saber que você tem escolha.

AS OPÇÕES

- Tente conseguir uma pausa.
- Tente negociar um período de licença não-remunerada no trabalho.
- Trabalhe meio período.
- Consiga mais um emprego.
- Recicle.
- Deixe o emprego (incluindo pedir demissão).

PAUSA OU LICENÇA NÃO-REMUNERADA NO TRABALHO

Ter esse período de licença ou de pausa pode ser uma parte vital do processo de mudança. Às vezes, é a única maneira de quebrar totalmente a rotina, de recarregar-se e reunir forças para pensar em alternativas.

Se você está confinado a um trabalho que é voltado para si mesmo e sem interação com o mundo externo (você não tem clientes nem empresas para contatar), então algum tipo de mudança estrutural é ainda mais fundamental para sair da rotina e envolver-se com o mundo. Ter esse tempo pode complementar o período de reflexão comentado no capítulo anterior.

Mas não se esqueça de definir um período de tempo. Pode ser que mais tarde você organize outra parada como essa – quer seja para recarregar as energias ou para fazer explorações.

Kath

Kath havia trabalhado na mesma empresa durante 15 anos e sentiu que precisava dar um tempo, conseguir negociar uma parada de quatro meses:

> Quando você deseja uma mudança, as pessoas costumam dizer "arrume outro emprego", mas eu não conseguia encarar dessa maneira. Eu queria uma mudança de rotina e sair da cidade.

Durante uma reunião com seu chefe, para fazer o planejamento dos projetos anuais, ela, quase sem pensar, falou sobre seus planos de dar uma pausa. Ela sabia que precisava falar de seu próprio projeto pessoal dentro daquele planejamento, porque de outra forma a oportunidade poderia desaparecer. Kath admite que estava com medo de conversar sobre isso com o chefe, pela simples razão de que ele era a pessoa que poderia interromper seus planos. Felizmente, ele foi muito favorável a essa ideia. Enquanto Kath estava se preparando para um período de "férias" sem limite, seu chefe, porém, exigiu que o período fosse determinado. Então foi estabelecido um período de quatro meses. Como veremos mais adiante, foi o tempo exato.

Você também deve estar preparado para o volume de trabalho que lhe será atribuído antes de sair de licença. Kath achou que lhe foi dada uma quantidade excessiva de trabalho para realizar antes de sua partida. A isso somaram-se demoradas e estressantes tentativas de alugar seu apartamento a fim de ajudar a cobrir suas contas por três meses.

Enquanto se preparava para essa pausa, Kath, que estava estudando francês, determinada a colocar o idioma "fora da sala de aula, enfrentando o cotidiano", agarrou a ideia de ir a Paris e comprou uma passagem para lá. Ela já conhecia a cidade e tinha um amigo que morava lá, mas, ainda assim, estava apavorada com a perspectiva desse "motim" autoimposto, o que se aliou à excitação do pensamento de viver o desconhecido:

Eu já havia morado fora do país antes e sabia que podia fazer isso de novo. Mas, quando cheguei no Gare Du Nord, lá estava eu, há apenas algumas horas de Londres, e já me sentindo incrível. Eu tinha algumas economias, não precisava de muita coisa e poderia trabalhar se fosse necessário. No início, passei bastante tempo escrevendo cartas para museus e galerias porque era isso que eu sabia fazer. Mas não tinha vontade de ficar num escritório com ar-condicionado e sentada ao lado de um monte de gente e enviando *emails* durante todo o dia. Fui a uma penosa entrevista com um elegante francês no Centro Pompidou. Ainda consigo ver a perplexidade no rosto dele: claramente não conseguia entender o que eu estava dizendo. Aquele foi um momento de virada, quando percebi que eu não tinha a fluência necessária em francês. Como se dizia, em francês, frases do tipo "ajustes no *browser*", "resolução de imagem", "vídeos em *streaming*"? Depois dessa rejeição, e para manter para cima o meu espírito debilitado, fui direto comprar uma saia Cacharel. Num instante, voltei a sentir-me melhor. Em seguida, fui até um restaurante que me pareceu simpático e pedi um emprego. E eles me deram!

Passei um verão escaldante, suando, para cima e para baixo nas escadas, enquanto gritavam comigo como se eu fosse uma imbecil. Eu me senti como o Manuel em *Fawlty Towers**. Foi uma experiência de humildade, embora um tanto masoquista. Eu não poderia depender de meu status, do idioma ou de amigos. Tinha de agir de imediato, ser gentil e bastante clara sobre o que eu pretendia dizer. Senti-me completamen-

---

* Série de tevê britânica, transmitida pela primeira vez em 1975. Foram produzidos apenas 12 episódios e ela foi escrita por John Cleese, do *Monty Python*. Trata-se de um dono de hotel que odeia os hóspedes. O personagem Manuel é o funcionário que não fala inglês e que serve de saco de pancadas. (N.T.)

te desnuda. Tudo tornou-se muito simples e muito básico. Eu tinha apenas 12 peças de roupa e dois livros, mas isso significava que eu era autossuficiente, independente e não era oprimida por nada. É bastante energizante quando a gente se sente tão diferente.

Depois de quatro meses, Kath sentia-se pronta para voltar a Londres e para seus amigos e família, de quem sentia tantas saudades:

> Voltei a trabalhar sentindo-me agradavelmente desligada. Apesar de eu ter voltado a fazer exatamente a mesma coisa que fazia no dia em que fui embora, estava mais corajosa e mais confiante. O trabalho era o mesmo, mas eu era uma pessoa diferente. Quando surgiu a oportunidade de uma promoção como produtora, pela primeira vez eu vi claramente o que podia oferecer. Cargos como esse eram altamente competitivos e eu já havia falhado no passado. Mas agora estava objetiva, fria e desembaraçada. Havia ganho uma perspectiva e tudo o mais havia se clareado em minha mente. A entrevista revelou-se muito fácil e fiquei surpresa comigo mesma. Normalmente, eu teria continuado a falar de forma desconexa, mas tinha vivido os últimos quatro meses precisando ser bastante econômica e exata com a linguagem. Essa clareza de expressão surgiu na entrevista e não acredito que eu teria conseguido esse emprego sem ter feito o que fiz, ou seja, dado essa pausa de quatro meses.

Desde então, Kath foi promovida a produtora sênior, e já trabalhou numa série de projetos atraentes e com muitas exigências, incluindo a viagem de moto realizada por Ewan McGregor pela África:

> Se você sente-se atualmente preso, avalie a hipótese de dar uma pausa. Encontre um motivo e planeje-o. Não

se preocupe em *como* fará isso. Tente também descobrir os possíveis impedimentos. Tenha fé em si mesmo. Você vai conseguir escapar de qualquer situação.

Todo mundo pode fazer sua própria revolução pessoal. Um pouco de medo é bom e uma pausa na carreira não vai machucar. A longo prazo, pode ser bom para você, por exemplo, ver pessoas rindo da sua cara numa língua que você não entende.

A aventura de Kath proporcionou-lhe a promoção que estava buscando. E agora ela está absorta num trabalho que acha verdadeiramente interessante, variado e desafiador.

DICA NOTA DEZ
Sorte = quando o estado de alerta e prontidão encontra-se com a oportunidade.

TRABALHANDO MEIO PERÍODO

Trabalhar meio período pode ser uma excelente maneira de reestruturar sua carreira profissional sem estragar tudo. Anna usou esse método para se distanciar de uma vida no escritório que ela começara a avaliar como estressante, e foi isso que lhe possibilitou arrumar tempo para pesquisar e escrever um livro sobre sexo. Depois de vários anos no puritano mundo acadêmico, Anna descobrira que era disso que ela realmente gostava de falar.

Anna

Anna era uma estudante que sempre tirava boas notas e sonhava ganhar um Prêmio Nobel ao estudar, em Cambridge,

Biologia Evolucionária. O sonho começou a esvair-se durante um estágio em um laboratório alemão, ocasião em que descobriu que possuía pouca aptidão para trabalhos práticos de laboratório. Ela entrou em crise e, para sair dela, decidiu perseguir uma carreira como editora de uma revista científica, o que exigiria os pontos fortes de Anna – a capacidade de navegar nas estatísticas, de ser meticulosa, de pensar logicamente, e também de absorver informação. Num trabalho em equipe, esses pontos fortes seriam uma verdadeira contribuição.

Depois de trabalhar em tempo integral como editora nessa revista, ela começou a levar adiante suas próprias pesquisas numa área que realmente a fascinava – o sexo. Começou dando palestras sobre ética sexual. Compreendeu que gostava de discutir as questões ligadas ao sexo e à fidelidade em frente de uma plateia bastante curiosa. Sentia que a espiritualidade e a sexualidade estavam, para ela, muito entrelaçadas. Na medida em que seu entusiasmo pelo assunto aumentou, tomou a iniciativa de negociar com sua empresa uma forma de trabalhar apenas meio período, de forma a ter condições de continuar suas pesquisas.

Foi por trabalhar meio período que ela pôde escrever um livro, *Open Fidelity: The A-Z Guide*. E trabalhar assim também ensinou-lhe muito a respeito de si mesma, além de ter provado ser um trampolim para ela passar a ganhar a vida de forma totalmente autônoma:

> Descobri que trabalho melhor se eu mesma for meu patrão. De fato, estou gerenciando um negócio. Eu crio o trabalho e estou gostando disso muito mais do que podia imaginar. Sem falar que entra muito mais dinheiro do que antes, e como pagamento por um trabalho duro e merecido que escolhi fazer! Além do mais, o trabalho vem aumentando a cada dia, o que quer dizer que posso decidir quando traba-

lhar ou não. Não estou mais desesperada para fazer qualquer coisa que aparecer, o que também significa que posso dedicar bastante tempo para escrever. Atualmente, estou escrevendo um segundo livro e atualizando meu blog.

O fato de ter mais liberdade para planejar sua carga de trabalho fez com que Anna pudesse organizar sua vida de uma forma muito melhor. Seu novo estilo de vida apresenta muito mais vantagens do que o estilo anterior. Boa parte de seu trabalho como autônoma vem da revista em que costumava trabalhar, mas agora ela aprecia mais o que faz, pois não está mais envolvida na politicagem do escritório. Ela consegue ter um tempo para as suas pesquisas e para escrever. Anna ganha mais agora do que antes e tem muita satisfação em gerenciar seu próprio trabalho. Além de tudo, foi capaz de conseguir publicar seu livro e está adorando divulgá-lo e vendê-lo.

Mas como ela concilia essa nova carreira editorial, e de escritora, com a ausência do Prêmio Nobel que ela sonhou desde criança?

O engraçado é que as pessoas laureadas com o Nobel aproximavam-se de mim, pedindo-me para publicar artigos na revista de Ciências que eu editava! Eu ganhara *status*! Era muito mais respeitada fazendo isso do que jamais fui no tempo em que era pesquisadora com pós-graduação. Comecei a valorizar o tempo e a liberdade muito mais do que o *status* e o reconhecimento. Não que não queira que meu livro torne-se um *best-seller*, mas é que se tornou muito mais importante para mim, agora, ter uma vida e não apenas uma carreira.

SEGUNDO EMPREGO

Continuar com seu emprego de tempo integral não se opõe a uma revisão de carreira. Pode ser extremamente gratificante conseguir um emprego numa área pela qual você se sente atraído, além de seu emprego atual. Correr atrás do que você realmente gosta de fazer depois do trabalho diário é uma grande maneira de: a) aplicar-se naquilo que realmente adora; b) aliviar a chatice de um dia de trabalho. Administrar e projetar sua própria aventura pode também ajudar a provar o que você é capaz de ser. O potencial negligenciado no trabalho atual pode ser aplicado em outras atividades, e isso pode ser uma excelente maneira de explorar um novo futuro enquanto mantém uma renda estável. Talvez você ache que não tem o vigor, a energia e a força de vontade necessários para trabalhar em dois empregos e está dizendo neste momento "Não, muito obrigado, eu passo". Mas saiba que fazer qualquer coisa de que goste nas "horas vagas" será energizante e motivador.

Gemma

Durante um duro período de 12 meses, Gemma trabalhou em dois empregos para poder alcançar seu cargo dos sonhos como estilista no *Daily Mail* da Inglaterra. Durante o dia, ela trabalhava como funcionária não-remunerada no jornal, e de noite como assistente da gerência numa pizzaria:

Estava exausta. Minha pele estava horrível. Mas eu estava firmemente determinada a não deixar escapar o emprego no *Mail*. Sabia, desde o primeiro minuto, que era o que desejava fazer e estava determinada a fazer dar certo. A moda tem sido minha obsessão desde pequena. Eu ia ao *Clothes* Show da BBC, em Birmingham, com minha melhor amiga e tentava estar sempre nos lugares certos. Eu sabia todos os nomes das modelos, dos estilistas e das lojas.

Quando optou por não ir à universidade, Gemma primeiramente trabalhou numa elegante cadeia de lojas. Enquanto estava nesse emprego, acabou entendendo mais sobre os diferentes papéis na indústria da moda e teve a chance de conhecer estilistas que trabalhavam para alguns clientes da loja e para algumas publicações: "Meus amigos na loja começaram a reduzir suas horas de trabalho para conseguir experiência em áreas afins. Então pensei que era isso que eu também precisava fazer. Também preciso conseguir experiência no trabalho".

Gemma escreveu para vários jornais e revistas, e então o *Mail* respondeu oferecendo-lhe uma vaga:

> Eu estava apavorada. No primeiro dia perdi a voz. Eles tinham um armário lotado de sapatos. Fiquei com muito medo, em estado de choque e muito nervosa. Eles fizeramme cuidar da devolução das peças (isto é, devolver as roupas depois de uma sessão de fotos) durante a semana inteira. Não havia ninguém com quem conversar. Mas eu sabia desde o primeiro instante que era o que eu queria fazer.

Gemma continuou absolutamente determinada a agarrar-se a isso e conseguir um cargo melhor. Ela fez todos os trabalhos entediantes que pôde. Mas também tinha de tolerar seu trabalho na pizzaria: "Era uma incrível exigência ter de impressionar no trabalho que você queria de verdade durante o dia, e depois fazer outro trabalho durante a noite".

Quando lhe foi dada a chance de provar-se a si mesma no *Mail*, ela a agarrou. Depois de algumas semanas, foi levada para uma sessão de fotos:

> Eu precisava provar que era útil e tinha de fazer tudo direito e mostrar-me indispensável. Depois que fiz isso, as pessoas passaram a me convidar para as sessões de fotos com mais frequência. No Natal, cheguei até a pensar que estava ali para sempre. Foi um período muito estressante. Eu

tinha um aluguel para pagar e, então, entrava muito cedo no jornal e trabalhava até as 11 da noite na pizzaria.

As longas horas eram atreladas a desafios memoráveis no jornal. Num momento bem ao estilo *O Diabo Veste Prada*, Gemma lembra-se de ser desafiada a encontrar 200 despertadores para uma foto, até as quatro da tarde daquele mesmo dia. Nenhuma loja vendia mais do que uma centena. Depois de roer as unhas, uma entrega no último minuto resolveu os problemas... e então estava na hora de ir para o restaurante! Mas seu entusiasmo e o trabalho duro não passaram despercebidos pela editora de moda:

> Foi-me oferecida a oportunidade de escrever as colunas laterais da página de moda: "A lista das dez melhores bolsas", "A lista dos dez melhores sapatos" – esse tipo de coisa. Mas eu continuava fazendo todo o resto. E nunca reclamei. Eu fazia o que era necessário para cumprir a tarefa, e finalmente um contrato e um salário chegaram.

Depois de 12 meses de experiência, Gemma finalmente foi capaz de abandonar o trabalho na pizzaria, ao receber uma oferta de um emprego remunerado no jornal. Mas sem aquele emprego noturno, ela talvez não tivesse sido capaz de se permitir correr atrás do seu sonho. Seu empenho, o trabalho duro e seu comprometimento foram finalmente recompensados com o trabalho remunerado de seus sonhos.

RECICLAR

Quando entrincheirado num posto de trabalho, a reciclagem pode ser a abertura para algo novo. Estudar no tempo livre pode trazer-lhe experiência e qualificação em uma nova área que talvez você não tenha acesso de outra maneira. Isso pode permitir-lhe fazer contatos dentro de um novo campo para o qual um dia possa vir a se transferir.

Jason II

Jason trabalhou durante seis anos em um escritório de seguros em Liverpool. Ele nunca associou trabalho com diversão e passava a vida ansiando pelos finais de semana:

> Aquele meu trabalho com seguros era altamente estressante e de vez em quando fazia mal ao meu estômago. Eu trabalhava num escritório amplo, com 200 pessoas em um andar. Os telefones viviam tocando e na linha havia pessoas enfurecidas e reclamando muito. O salário era uma m... e eu tinha uma responsabilidade muito grande. Certo dia, fiz a empresa perder um montante significativo de dinheiro – minha culpa foi apenas parcial, mas acabei pagando o pato. Foi naquele momento que eu realmente decidi ir embora. Mas não sabia para onde ir. Apenas baixei a cabeça e fui em frente. Eu estava aborrecido, com a mente completamente vazia e sem saber o que fazer com minha carreira.

Por acaso, alguém emprestou-lhe um livro, *Entrevista com o Vampiro*, de Anne Rice. Foi algo comum, mas que teve uma consequência considerável:

> Eu não estava acostumado a ler, mas esse livro soltou minha imaginação. Eu estava totalmente extasiado com a história e com o modo como ela foi escrita. Isso ativou uma paixão pela leitura e eu tornei-me um rato de biblioteca, mergulhando em tudo o que podia e me inscrevendo em clubes de livros.

Esse foi o momento do "ahá!" de Jason, provando ser seu ponto de virada. Ele passou a ler vorazmente e, como consequência, renovou seu interesse pela educação. E tudo isso levou-o a um caminho de requalificação, que lhe deu sentido, e também uma rota para fora do escritório da companhia de seguros:

> Embora ainda trabalhasse na seguradora, entrei num curso noturno de Literatura Inglesa. Mais tarde, comecei a graduação conjunta em Psicologia e Arte. Psicologia por causa de minha experiência no trabalho, e Arte porque eu costumava gostar dessa matéria na escola. Eu estava muito assustado e meu estômago doía, porque eu não achava ser capaz de fazer tudo isso. Mas fui encorajado por alguns amigos que também haviam se formado. Pensei que, se eles conseguiram, provavelmente eu conseguiria também.

Jason acredita que seu maior desafio é ele mesmo. Precisa constantemente convencer-se de que é capaz de fazer as coisas. Ele precisou convencer a si mesmo de que conseguiria graduar-se. Mas, logo que começou o curso, já ficou satisfeito:

> Os primeiros seis meses da graduação em Arte mudaram minha vida e aquilo tornou-se meu verdadeiro interesse. Depois que eu me formei, a Arte passou a ser minha obsessão. Foi um tempo em que eu estava bastante ocupado. Voltei à seguradora, porque era um trabalho fácil quando não havia estresse e o dinheiro era bom. Comecei a vender trabalhos de Arte e também montei um negócio de pintura de murais, que acabou tendo cobertura por parte da imprensa, mas foi necessário que eu trabalhasse os sete dias da semana. Foi uma fase intensa e desgastante.
> Durante esse período, a universidade contatou-me para concorrer a uma vaga de artista e pesquisador interno. Fui fazer a entrevista e consegui o trabalho – não apenas por causa de minha arte, mas porque havia trabalhado com

estatística na seguradora! Isso prova que nenhuma experiência é desperdiçada. Atualmente, sou assistente sênior no Departamento de Artes e Design e também curador de uma galeria em Liverpool. Sou também artista profissional, com exposições nacionais e internacionais. Há dez anos, jamais pensei que estaria onde estou hoje. Nem consigo acreditar que saí de um escritório de uma companhia de seguros para ser chamado decisivamente de artista e ainda dirigir uma galeria. Embora seja uma carreira muito exigente, às vezes em demasia, eu amo meu trabalho.

Jason II descobriu um novo mundo quando voltou a estudar, retomando seu interesse em arte, algo que ele havia demonstrado desde criança. Sua vida foi transformada. Seu potencial como artista teria permanecido totalmente encoberto se ele não tivesse se imbuído de coragem para explorar interesses além do escritório e, finalmente, reciclar-se.

SAIR DO TRABALHO

Talvez não exista nenhuma outra opção para você senão sair de seu emprego. Você pode ter fantasiado interminavelmente o dia de entregar a carta de demissão. Mas antes de fazer isso, é melhor ter em mente que talvez precise de uma referência, de contatos, ou de trabalhos como *freelancer*, de amigos ou de futuros clientes. Em seguida, pense como será sua saída. Muitos entrevistados expressaram certos arrependimentos quanto a não continuar mantendo contato, não fazer um *network*, ou por deixarem-se consumir por más recordações com relação à empresa que deixaram. Por outro lado, existem aqueles que nunca olharam para trás.

E o que pode acontecer se você for demitido? Embora isso nem sempre seja um fato bem recebido, pode significar uma maneira de reestruturar sua carreira profissional.

O trauma de uma demissão compulsória se contrasta com a sensação de liberdade para os que são suficientemente corajosos quando ocorre um fato assim. Seja como for, é sempre bom ouvir os sobreviventes: aquele casal da cidade que foi demitido e aproveitou a oportunidade para criar sua própria loja de queijos; o editor de revistas que criou um negócio de venda de carpetes; a agente que, quando despedida, decidiu seguir sozinha, levando com ela seus clientes arduamente conquistados; um locutor de rádio que desistiu de tudo e montou uma empresa de pintura e decoração. Todos eles continuam avançando com prosperidade. A preocupação, até mesmo o tormento, pode acompanhar uma mudança radical. Muitas vezes, é a melhor coisa que poderia ter acontecido.

Portanto, vamos começar com a demissão involuntária, muitas vezes uma experiência chocante e debilitante que esmaga a autoestima. Alguns de meus entrevistados que foram demitidos descreveram a si mesmos como: "humilhados", "traídos", "velhos", "irritados", "sem utilidade", "devastados", "iludidos". Porém, aqueles que pediram demissão descreveram a sensação como: "libertadora", "assustadora", "desafiadora", "fantástica".

Muitos daqueles com quem conversei falaram da falta de confiança, independentemente de sua demissão ter sido voluntária ou não. Algo que reduz a autoestima é receber cartas de rejeição quando se está desempregado. Mesmo que a gente não se sinta definido por nosso trabalho, boa parte de nosso amor-próprio ainda está ligada às nossas ocupações. Quando se é demitido, nossa confiança é afetada, e talvez não seja restaurada até que outro empregador tenha demonstrado confiança em nós. Lidar com o dia seguinte após a demissão não é fácil nem simples, mas pode ser uma oportunidade.

Chris conseguiu transformar as circunstâncias esmagadoras pelas quais passou e teve a mais extraordinária aventura.

ELE CONSEGUIU

Chris
Idade: 44 anos
Era: motorista de caminhão no Reino Unido
Agora: escritor no Reino Unido
Chave para o sucesso: transformar algo desmoralizante em uma oportunidade
Paixões: escrever, viajar, fazer exercício

Chris é uma pessoa que conseguiu obter o melhor de uma situação que viveu, permitindo que sua vida fosse profundamente reestruturada. Em primeiro lugar, uma longa relação terminou e, depois, ele foi demitido sem mais nem menos. Ele sentiu-se completamente desmoralizado.

Se você se encontrasse nessa situação, o que acha que faria? Rastejaria para baixo do edredon sentindo-se inútil, preocupado e desesperado? Essa é uma das formas de ver as coisas. Mas Chris acabou decidindo juntar os pedaços e capitalizar sua recém-descoberta liberdade. Incrivelmente, ele decidiu cruzar de bicicleta dois continentes e 13 países, pedalando 26 mil quilômetros! Ele foi de sua casa em Worcestershire, na Inglaterra, até Beijing, na China. Essa foi a mais extraordinária experiência de sua vida até então! E uma impressionante maneira de lidar com a demissão compulsória. Como ele fez isso?

Ser informado de que você foi demitido é péssimo. Para mim, isso significava que eu era inútil, excedente e inadequado. Senti-me destruído por esses dois eventos em minha vida e precisava fazer algo para recuperar minha autoestima. Então, avaliei minha situação. De certa forma, foi bom ver que, de repente, não tinha mais grandes compromissos nem obrigações na vida. Não tinha filhos, como muitos de meus amigos. Senti que essa era uma oportunidade de fazer algo. Será que eu poderia aproveitá-la e transformar o que parecia negativo numa experiência positiva? Eu tinha de provar que não era inútil. Comecei a pensar que, se pudesse dar uma volta na situação, poderia resgatar minha confiança. Decidi aproveitar a oportunidade e fazer algo que fosse extraordinário. Sempre fui de bicicleta para o trabalho, porque viajar de trem era pouco confiável e sou apaixonado por fazer exercícios. Quando eu dirigia o caminhão sempre levava meus apetrechos de corrida; o exercício sempre esteve em minha mente. Então, foi nesse momento que decidi fazer uma viagem de bicicleta.

Mas não seria um passeio rotineiro de bicicleta. Como ele chegou a isso? Se voltarmos um pouco, poderemos começar a ver de que maneira Chris chegou à sua surpreendente decisão.

Chris era fascinado pelos meios de transporte desde os seus cinco anos. E a janela de sua sala na escola dava vista para a autoestrada. Essa paixão infantil somou-se ao amor por globos terrestres e mapas. Aos 14 anos, ficou tremendamente emocionado ao pisar no solo da França numa viagem da escola. Ele ficou bom em francês ("e péssimo em todo o resto") e foi fazer uma graduação em Língua Francesa.

Nesse ponto, como muitas outras pessoas, Chris tinha uma ideia clara do que *não* queria fazer. Não pretendia ficar num trabalho de escritório e não queria dar aulas. Então, por causa de seu entusiasmo pelos meios de transporte, obteve uma carteira de habilitação e conseguiu um trabalho de caminhoneiro de longas distâncias. Em seu caminhão, viajou por toda a Europa, assim como para a Rússia e para o Cazaquistão. Numa noite de Natal, quando seu caminhão quebrou perto de Moscou, ficou muito alegre pelo fato de estar realizando um sonho de infância: "Mesmo com aquele incidente, com o caminhão quebrado, eu não queria estar em nenhum outro lugar além daquele. Aproveitei os instantes o máximo que pude, como se fosse um bônus". Então, ele resolveu registrar as aventuras e as extraordinárias paisagens que estava vendo em um diário de viagens, o que o fez semear a paixão pela escrita.

Chris finalmente alcançou o estágio de sentir que tinha ido o mais longe que podia: "Eu tinha visto o Cazaquistão em todas as estações do ano, tinha visto até camelos na neve".

Foi então que decidiu ser o momento de mudar-se para um trabalho em um escritório, em horário comercial, para ficar livre nos finais de semana e ter tempo para desenvolver seu recém-encontrado amor pela escrita. Foi nesse tempo livre que obteve a ideia para um livro, enviando-a a várias editoras, mas, no entanto, foi recusada. Ainda assim, sabia que tinha ótimas histórias sobre suas viagens, e com a prática foi ficando cada vez melhor na escrita.

Ele conseguiu um novo emprego no escritório da transportadora e, quando estava começando a estabelecer-se, perdeu a namorada e o emprego.

Depois de ter recolhido os cacos e de ter decidido transformar aquela situação negativa em positiva, Chris começou a planejar a viagem de bicicleta da sua vida. Ele afixou nas paredes vários mapas de estradas e começou a delinear sua rota. Fisicamente, seria um desafio extraordinário, e ele começou a treinar para conseguir andar 96 quilômetros por dia. Sua viagem levaria em torno de um ano e meio, percorrendo uma rota através da Europa, do Oriente Médio e da Índia até o destino planejado, em Vladivostok.

Depois de uma gloriosa festa de despedida, Chris zarpou para sua penosa jornada, em maio, mas quase ficou imobilizado depois de um acidente na França. Ele já estava encarando uma humilhante volta para casa, mas seu francês e um médico local o ajudaram e, assim, a viagem de sua vida realmente começou (saiba mais sobre essa espantosa jornada no website de Chris, www.cycleuktochina.com, em inglês).

Depois de um período difícil andando pela China, passou uma semana negociando um visto que pudesse levá-lo a seu ansiado destino na Rússia. Ele ficou arrasado quando os russos recusaram-lhe a entrada. Voltou de sua aventura transformadora (de avião) com um livro para escrever. Infelizmente, ele também enfrentava dívidas e, por isso, precisava rapidamente de um emprego. Voltou, então, a dirigir caminhões. Mas não permitiu que sua ambição de escrever aquela história lhe fugisse. Chris disciplinadamente reestruturou sua vida profissional e estabeleceu um regime diário de escrita às cinco da manhã, antes de ir para o trabalho, de bicicleta, a 40 quilômetros de distância. Sua determinação em concluir o livro era inabalável: "Para ter sucesso naquilo que faz", diz ele, "você precisa amá-lo. Eu adoro escrever, embora tenha começado muito tarde. Eu consigo uma sensação de total regozijo quando termino uma frase bem escrita!".

A perda do emprego foi indesejada! Mas ela levou à criação de algo fabuloso. Sua incrível viagem para Pequim agora está impressa e o livro está à venda. Tanto a viagem quanto o ato de escrever o livro foram uma luta árdua, mas que valeu a pena.

Ocasionalmente, Chris tem suas crises de auto confiança, mas agora sabe que elas irão passar: "As palavras não faíscam quando você está cansado", disse. No momento, a promoção de seu livro *Why Don't You Fly?* tem substituído o ato de escrever. E, encaixadas no dia de trabalho, estão as entrevistas, as palestras e as tardes de autógrafo, tudo relacionado ao lançamento desse livro. A grande notícia é que o livro não está apenas nas prateleiras das livrarias, mas também está sendo vendido! (consulte a seção "Leituras complementares", pág. 253, no final do livro.)

Chris tratou de sua demissão de uma maneira pessoal e espetacular. Ele foi capaz de resgatar a si mesmo de uma experiência potencialmente destrutiva e não apenas conseguir realizar um sonho, mas durante o processo todo ainda colheu material para sua nova paixão, escrever. E ainda demonstrou seu compromisso com a nova vocação ao reestruturar sua vida profissional escrevendo durante as madrugadas, antes de ir trabalhar. Para ele, a publicação de seu primeiro livro foi um grande trampolim para concretizar sua ambição de ganhar a vida escrevendo o tempo todo.

OS CONSELHOS DE CHRIS

1. Eu não me considero um cara cheio de talento ou sem talento nenhum, mas me recusei a desistir e a aceitar um "não" como resposta.

2. A pior posição em que se pode estar é aquela em que não se tem uma paixão. As pessoas têm sonhos – mas desistem deles.

3. Você tem de identificar o que pretende fazer. Se tiver paixão por isso, encontrará a coragem e a certeza de poder realizá-lo.

REORGANIZE SUA VIDA PROFISSIONAL

Qual é a opção mais realista para que você alcance seu trabalho dos sonhos? Já consegue começar a conversar sobre como realizar esse objetivo?

Reciclar sua vida profissional, seja de que forma for, é um modo bastante útil de explorar novas opções, desenvolver novos talentos e descobrir os já existentes. Uma pausa vai oferecer a oportunidade para que você se reenergize e repense sobre as coisas. Conseguir um emprego adicional e reestruturar suas competências vai permitir-lhe experimentar campos completamente novos. Também são formas de você descobrir o que é realmente importante para si mesmo, podendo até chegar à conclusão de que é algo bem diferente do que havia imaginado.

DICA NOTA DEZ
Antes de sacrificar tudo, experimente primeiro.

CONTAGEM REGRESSIVA
PARA O SEU TRABALHO DOS SONHOS
Aconselhamento de carreira por Carole Ann

Mu-mu-danças...*

Os seres humanos são criaturas de hábitos. Nós não somos nada além de uma série complexa de hábitos, desde nossa rotina diária de nos arrumar até o que lemos e comemos; nós autoconstruímos novos padrões todos os dias.

É por isso que desconfiamos das mudanças. Parecem algo desconfortável, suspeitamos delas, ficamos com medo; em alguns casos, por causa do desconhecimento, sentimo-nos desafiados. Mas, como todos sabem, as mu-

---

* A brincadeira perdeu-se na tradução. No original está Ch-Ch-Changes, referência à canção Changes, de David Bowie, lançada em 1972. A letra foca a natureza compulsiva da reinvenção artística. (N.T.)

danças e as novas experiências logo se transformam em rotinas e em apenas mais um "hábito" que processamos inconscientemente todos os dias. Basta lembrar-se de como você ficou apavorado ao aprender a dirigir. Naquele momento, você achava que nunca iria conseguir. Hoje, sendo um motorista com bastante prática, você sabe como dirigir sem esforço, sem precisar submeter-se a um manual ou a um instrutor.

Os níveis de aprendizagem são:

- Incompetência inconsciente – você não faz a menor ideia de como se dirige um carro.
- Incompetência consciente – você está aprendendo, mas ainda não é capaz de dirigir um carro.
- Competência consciente – você sabe o que é preciso para dirigir um carro e é capaz de fazer isso.
- Competência inconsciente – você dirige o carro sem pensar a respeito.

Com o tempo, todos nós acabamos na competência inconsciente, ou seja, as mudanças tornam-se tão familiares que nem sequer precisamos pensar a respeito delas.

Com isso em mente, "a mudança" torna-se menos uma ameaça e mais algo que se precisa aprender a controlar, e então a familiaridade acabará levando à perícia. Alguns de vocês podem achar que não precisam de grande mudança na carreira, e que talvez um trabalho de meio período, ou dedicar-se a um *hobby* que o absorva, ou um trabalho extra, ou imergir em algo pelo qual está apaixonado, poderia ser suficiente.

Às vezes, apenas cortar o que você não gosta e trazer um pouco mais do que gosta pode ser suficiente para deixá-lo satisfeito, e assim uma mudança completa na vida ou na carreira pode não ser necessária.

PLANO DE AÇÃO DE CAROLE ANN

1. Pergunte a si mesmo o que é preciso neste momento. Tenha muito claro o que você espera conseguir trabalhando meio período ou quais elementos você está procurando num trabalho extra. Use tudo isso como uma oportunidade para se divertir, para fazer algo excitante, para desafiar-se e voltar a sinalizar sua autoestima! Prove que você pode fazer.

2. Caso precise de um segundo trabalho por razões financeiras, é hora de ponderar o investimento de tempo e energia envolvidos – por exemplo, se você quer escrever um livro, será que trabalhar num bar até a meia-noite será propício para seu fluxo de energia e criatividade?

3. Procure aconselhamento sobre o que você pode legalmente fazer para conseguir uma pausa temporária no trabalho ou para trabalhar meio período. Informe-se com outras pessoas que fizeram o mesmo.

CAPÍTULO 8
IMERSÃO

Mais de 70 mil pessoas passam parte do Natal ou do Boxing Day* procurando um novo empregador, numa tentativa de vencer a concorrência... E muitos se convencem a permanecer nos papéis atuais, insatisfeitos, por causa do medo.

* *Boxing Day* é o primeiro dia depois do Natal (26 de dezembro), quando se distribui presentes às pessoas que prestam serviços públicos (carteiro, lixeiro etc). É tradição no Reino Unido, na Austrália, no Canadá, na Nova Zelândia e nos demais países do Commonwealth. (N.T.)

Como a reestruturação de sua vida agora está no lugar, o próximo passo é mergulhar no mundo do qual pretende fazer parte. Mas como chegar lá? Se você estiver trabalhando como contador, como poderá fazer contatos que o ajudem a tornar-se comediante das comédias *stand-up*? Se escreveu um livro e não tem contato com nenhuma editora, como poderá resolver essa situação e colocar seu *best-seller* em potencial nas prateleiras das livrarias?

Eu havia escrito um livro e não conhecia ninguém no meio editorial. No entanto, continuei a tentar obter informações a respeito de como conseguir publicar um livro me informando com a leitura de livros, jornais e de colunas relevantes sobre o assunto. Podia fazer tudo isso por conta própria e acabei ficando muito mais informada sobre essa indústria. Mas ainda continuava sendo apenas eu, sozinha, e ainda existia um enorme abismo separando-me daquele mundo do qual queria fazer parte.

Comecei a fazer comentários a respeito do meu livro para diversas pessoas e muitas delas pareciam interessar-se pelo tema. Podemos até admitir que, por serem pessoas amigas, elas acabaram sentindo-se forçadas a demonstrar interesse – no entanto, ficou rapidamente evidente que, embora eu não conhecesse ninguém no mundo editorial, outras pessoas conheciam. E não apenas isso, elas também se mostraram ansiosas por ajudar-me. Importantes dicas e informações começaram a chegar até mim. Tudo isso levou-me a conversas e a telefonemas para pessoas completamente desconhecidas. E-mails e reuniões vieram a seguir. Eu havia saído de um completo impasse, em todas as semanas que se sucederam, para participar de reuniões com diversos editores.

Tudo isso era também muito divertido – arrebentava os nervos no começo, mas no final era imensamente agradável e informativo. As barreiras começaram a desaparecer e, de repente, passei a ter livre acesso a esse mundo editorial. Eu não precisava mais dedicar tanto tempo enviando propostas e recebendo negativas de pessoas que não conhecia. Agora eu poderia ser alguém de carne e osso! Na maioria das vezes, as pessoas com quem eu tinha de falar estavam ocupadas demais, mas ainda assim eram agradáveis e, mesmo não sendo o "editor certo", eu sempre acabava saindo com uma nova orientação. Por fim, acabei encontrando um editor disposto a correr o risco de dar uma chance a uma escritora novata.

Seja qual for seu novo e esperado campo de atuação, é preciso descobrir tudo o que puder sobre o que é relevante em termos de eventos, pessoas e lugares onde deve estar. O que você pode fazer por conta própria? Seus amigos sabem o que você está fazendo? Como eles podem ajudar? Com as pesquisas que você já fez e ficar atento a com os passos que já deu, algo já deve ter-se materializado. Haverá novos contatos e quem sabe algumas conversas preliminares. Quanto mais você ler e conversar a respeito, mais ficará informado. Você precisa saber como seu novo mundo funciona, o que é necessário, quais as lacunas do mercado e ficar atento a quaisquer oportunidades de trabalho que houver.

De início, paguei para ter contatos. Paguei uma consultora literária para aconselhar-me sobre meu livro e tive conversas com agentes e editores que ela conhecia. Seus conselhos foram excelentes, mas não obtive nenhum resultado. Mais tarde descobri que os conselhos gratuitos que recebi posteriormente de pessoas do mundo editorial foram mais valiosos. Participei de eventos voltados para escritores, ouvi o que os editores e agentes literários tinham a dizer e comecei a compreender as opiniões que eram importantes e o que era apenas um monte de "baboseiras". Com o mercado recebendo um novo livro a cada 30 segundos, meu lançamento teria de ser realmente convincente para poder destacar-se.

MERGULHE NO CAMPO QUE VOCÊ ESCOLHEU

- De que evento você pode participar, o que pode ler ou pesquisar?
- Onde você pode encontrar pessoas que sejam de sua nova área?
- Como pode conseguir acesso a determinados eventos? Você conseguiria organizar um deles?
- Você sabe fazer um blog? Ou existem sites especializados em que você possa apresentar-se ou fazer contatos?
- Quem você conhece que é capaz de ajudá-lo?

DICA NOTA DEZ
Você não tem nada a temer, a não ser o próprio medo.

Brigitte era outra dessas pessoas presas num turbilhão existencial, sem noção de como conseguir fazer contatos ou entrar num mundo mais interessante para ela. Era preciso fazer conexões, construir as pontes e abrir as portas para sua nova carreira.

ELA CONSEGUIU

Brigitte
Idade: 37 anos
Era: estudante de economia na Dinamarca
Agora: cantora profissional
Chave do sucesso: a percepção de que a vida é curta e valiosa
Paixão: música

Brigitte é o tipo de pessoa sensata, que fazia todo o necessário em seu dia de trabalho, mas mantinha a sua verdadeira paixão de lado, porque não acreditava que podia ganhar a vida com seu trabalho dos sonhos. Afinal, trabalhar trata-se de ter um emprego seguro e chato, não é?
Brigitte é cantora profissional. Ela conseguiu firmar um contrato com uma gravadora e lançou recentemente seu CD de estreia. No entanto, houve um momento para ela que tal possibilidade era absolutamente impensável. Formou-se em economia e negócios – fez a coisa "correta". Como muitos de nós, Brigitte ainda precisava perceber que, como ela mesma colocou, somos "os donos de nossa própria vivência". Mas pelo menos ela já havia compreendido que estava entediada e sabia com certeza que "a vida é curta demais para ser chata".
Ela nasceu em Sevilha, de pai espanhol e mãe peruana. Seu pai morreu aos 37 anos, quando ela tinha apenas 8 anos. Como se pode imaginar, isso causou um enorme impacto na vida de Brigitte, tanto na ocasião quanto em sua posterior abordagem a respeito da vida. O tempo é limitado, portanto qualquer coisa que se faça deve valer a pena, o que, para ela, significa seguir uma vida íntegra. Claro que se alguém lhe oferecesse uma quantia enorme de dinheiro ela ficaria muitíssimo feliz. No entanto, nada disso aconteceu até agora!

Não acho que tenha valor algum você morrer com três milhões de euros no banco. Será apenas um cadáver muito rico. Não é uma forma atraente para viver se representar um período de vida de completo tédio.

A turbulência que se seguiu à morte do pai incluiu uma mudança para a Dinamarca, que se tornou o lar de Brigitte durante os 18 anos seguintes. Foi lá, aos 11 anos, que ela começou a ouvir música, ficou fascinada por ela e percebeu que era o que lhe interessava. Tornou-se grande fã dos Beatles e começou a aprender sozinha a tocar uma série de instrumentos, até mesmo guitarra e piano. Certa vez, em um clube local para jovens, assistiu a uma pessoa tocar um instrumento, mas não teve coragem de chegar perto nem de falar com ela. Então, correu para casa e tentou imitar o que acabara de ouvir. Os Beatles também a inspiraram a aprender inglês.

Partindo do pressuposto de que ela não era nenhum gênio da música, no entanto, Brigitte continuou com a opção mais "segura" e foi completar sua graduação em economia e negócios, mantendo a música como *hobby*. Ela simplesmente não tinha a coragem de perseguir seu sonho. Até que uma amiga, que era cantora profissional, disse-lhe que pensasse duas vezes sobre a decisão que havia tomado. Ela descobriu que sua amiga, embora profissional, ainda fazia aulas de voz, o que foi um momento de definição:

> Isso deu-me um estalo. Entendi que as pessoas não nascem necessariamente "gênios da música" (embora alguns possam até nascer) e que eu precisaria também ter aulas para melhorar. Se aquela garota tinha conseguido chegar lá depois de fazer as aulas e de ter ensaiado bastante, então eu também poderia conseguir. Até aquele momento sempre haviam-me dito que, para tornar-se músico, era preciso ser um gênio. Eu disse a mim mesma que devia ser como Mozart e que, caso eu não tivesse composto nenhuma sinfonia até os 6 anos de idade, seria evidente que eu não tinha nascido para aquilo! Mas até Mozart, ou devo dizer *especialmente* Mozart, recebeu incentivo, apoio e teve vários professores. Percebi que era isso que me faltava. E fui buscar. Descobri uma professora de canto e comecei a ter aulas com ela.

Brigitte ficou cada vez mais convencida de que, com foco e trabalho árduo, a música poderia tornar-se uma profissão real e uma maneira de se ganhar a vida. A música passou de uma atividade paralela para o foco principal de sua vida. Embora graduada em economia e negócios, ela inscreveu-se para um curso de canto. Para poder financiar esse curso, fazia faxina, à noite, na própria escola de música, ia para a faculdade durante o dia e passava a maior parte das horas vagas ensaiando:

Depois que meu pai morreu, percebi que não há garantias na vida. Tudo pode ser perdido em um instante, por isso não vi necessidade de ficar procurando o que fosse mais seguro. Eu poderia muito bem passar a maior parte de meu tempo aqui. Para mim, isso significa seguir o coração.

Tendo começado uma forma organizada de ensaios e um curso, Brigitte precisava dar seu próximo passo e tentar fazer contatos para poder entrar em seu novo mundo. Embora houvesse possibilidades na Dinamarca, ela sentiu que na Inglaterra poderia encontrar maiores oportunidades. Foi quando fez uma enorme transição na busca de seu objetivo e instalou-se em Manchester.

Algo que ela poderia fazer facilmente, e sem precisar de contatos, era começar a assistir a shows em Manchester. Depois começou a organizar sozinha seus próprios espetáculos, o que lhe deu orgulho e satisfação. "Cada show é emocionante porque é diferente." O público era constituído de pessoas como ela – apaixonadas por música. Ela começou a conhecer o circuito e também a ser conhecida. Tornou-se parte de uma comunidade de músicos com os quais tinha afinidades e construiu uma rede de novos amigos na cena musical.

Assim, uma carreira na música foi tornando-se uma possibilidade real para Brigitte. Ela vivia e respirava a cena musical e mergulhou nela completamente. Foram dois anos de espetáculos e de trabalho árduo. Certa noite, finalmente, ela foi descoberta e assinou contrato com uma gravadora de um amigo de um amigo, resultando em seu CD de estreia, que a levou, depois, a ser contratada pela Red Kite Records. No entanto, Brigitte admite que, mesmo realizando o sonho de ter assegurado um contrato para gravações, ainda é bem difícil:

> Estou com 37 anos e a vida é curta e valiosa, mas tenho procurado seguir meus sonhos, fazendo o que considero ideal pra mim. Minhas finanças são precárias, não recebo pensão e certamente não tenho nenhuma fortuna! Faço shows regularmente e também dou algumas aulas de música para manter-me na ativa – e isso pode ser muito agradável. Em certas épocas do ano participo de festivais de jazz, de casamentos e os trabalhos internacionais que consigo são uma ótima experiência. Tem sido mais fácil também. Na Inglaterra, dirigir e viajar de noite para certos locais distantes não é nada fascinante. Às vezes, quando não há muito trabalho, fica difícil fazer planos para o futuro. Eu tinha uma turnê britânica para divulgar o CD, mas os músicos e o pianista que me acompanhavam eram desconhecidos, então houve três meses sem trabalho, nenhuma entrada mensal de dinheiro, nenhum colega... Isso é bastante difícil.

Por causa das incertezas financeiras da carreira de cantora, Brigitte considerou a possibilidade de conseguir um emprego num escritório mas logo abandonou essa ideia: "Não seria adequado para mim". Diz:

> Uma vez comecei a trabalhar numa escola onde, a princípio, deveria dar aulas, mas, na realidade, me contrataram para mexer com uma porção de papéis. Não achava que fosse um trabalho com valor, nem para as crianças nem para mim, então não me sentia bem fazendo aquilo. Foi uma experiência muito válida, porque logo depois me

dediquei a encontrar mais shows e a conseguir mais trabalho do tipo que eu queria.

Logo depois de um acidente de carro, Brigitte subitamente foi obrigada a enfrentar a realidade de que nunca mais poderia cantar. Em vez de resignar-se à ideia de trabalhar no que ela sabia não lhe servir, Brigitte tentou imaginar o que poderia fazer que fosse também tão agradável quanto cantar:

> Minha pior experiência foi o acidente, porque, entre todas as outras coisas, atingiu-me a laringe! Eu não consegui falar durante quase dois meses, muito menos cantar. Não podia trabalhar nem pagar nenhuma conta. Desenvolvi problemas na mandíbula e fui diagnosticada com artrite.

Foi um choque tremendo. Ao deparar-se com a perspectiva de não ser mais capaz de cantar para viver, Brigitte sabia que devia ser engenhosa e fazer surgir um plano B. Decidiu, então, pintar e dar aulas de piano. Afinal, ela havia pintado até os 15 anos e acreditava que "a criatividade viria, de uma forma ou de outra".

Felizmente, ela recuperou a saúde, mas agora já sabe que é necessário ter um plano alternativo, mesmo que nunca venha a precisar dele. Ela continua a fazer alguns shows e a dar aulas particulares de música e considera essas duas atividades igualmente gratificantes, pois adora a variedade e o fato de uma semana ser diferente da outra:

> Sinto orgulho e satisfação com o trabalho que faço. Cada espetáculo é diferente. Acho que estou fazendo o que me foi destinado, fui colocada no planeta para fazer exatamente isso. Também tenho muita satisfação de dar aulas particulares e de transmitir o que aprendi. Imagine você ter uma voz baixa, quase um sussurro, e vê-la

crescer. É muito emocionante. Isso é ajudar as pessoas a realizar seus sonhos e metas.

Junto com o contrato da gravadora, outros destaques incluem fazer um *tour* pela Islândia e o convite para cantar para o secretário-geral da ONU e no final da Copa da UEFA em Milão.

Brigitte enveredou por uma série de etapas lógicas, a fim de realizar a transição do mundo empresarial para a indústria da música. Em primeiro lugar, ao acreditar que aquilo era possível para ela, percebeu que precisava encontrar alguém que estivesse vivendo o mesmo sonho. Então, mergulhou totalmente em seu novo mundo, ensaiando, praticando, ouvindo músicas, assistindo a shows. Hoje, ela mudou-se para o interior do país em busca da cena musical britânica. Ao interagir com o mundo do qual queria fazer parte e desempenhar seu papel, ela tornou-se um rosto familiar e alguém com amigos e novos contatos: "Ganhar dinheiro nunca foi uma motivação para mim. Aproveitar a vida é meu principal objetivo. Dito isso, o negócio é bom e posso dar-me ao luxo de trabalhar na hora que escolher".

É uma ótima posição para se estar.

OS CONSELHOS DE BRIGITTE

1. Mergulhe no mundo que você acha interessante. Descubra suas paixões. Nem todo mundo sabe, mas, em minha opinião, fomos colocados neste planeta com uma finalidade.

2. O truque é viver da melhor forma possível.

3. Você pode escolher como viver sua vida. Viver de forma segura, na rotina e com a segurança de um

emprego, sem sentir medo ou amor, é totalmente diferente de fazer algo que ama. Quando você falecer, qual terá sido sua utilidade? Todos acabarão seguindo seu caminho. E do que você vai se arrepender em seu leito de morte?

Boa pergunta. Do que você vai se arrepender em seu leito de morte? Por que esperar até lá – do que você se arrepende agora?

DICA NOTA DEZ
Ouse sonhar.

A ambiciosa Ayu conseguiu êxito em um trabalho na mídia altamente competitivo, apesar de ter-se formado em algo diferente. Ela conseguiu isso ao mergulhar nesse novo campo. Ela precisava conhecer de que se tratava para poder sobreviver.

ELA CONSEGUIU

Ayu
Idade: 25 anos
Era: estudante de relações públicas na Indonésia
Agora: repórter de tevê, na Indonésia
Chave para o sucesso: fazer o melhor trabalho possível
Paixões: música, trabalhar como repórter

Inexperiente e não qualificada, Ayu conseguiu persuadir um grupo de entrevistadores de que seria a melhor candidata para o trabalho. Após conseguir isso, foi obrigada a fazer frente às suas expectativas diariamente. Ayu é repórter de um canal de tevê indonésio e mora e trabalha em Jacarta. Sua abordagem profissional é tão intensa que ela sempre faz o que for necessário para realizar o trabalho. Isso pode significar longas horas na ativa, contatar as melhores pessoas para determinadas tarefas, ficar à mercê da meteorologia e, sempre, tentar realizar o melhor programa possível. Ela adora seu trabalho de repórter na RCTI, um dos maiores canais privados da Indonésia. Graças à sua dedicação, têm-lhe sido dadas várias oportunidades para se desenvolver e progredir. Apesar de não ter estudado para isso, Ayu tem sido muito bem-sucedida na carreira que escolheu por causa do alto padrão de seu trabalho e do amor que ela lhe dedica.

Ayu admite abertamente que está absolutamente absorvida pelo seu trabalho e que, logo cedo, não aguenta esperar a hora de começar a fazê-lo. Aqui ela descreve como o trabalho a faz sentir-se:

> Maravilhosa, completa, cheia de propósito e de imaginação. Num bom dia de trabalho, eu sinto-me viva. Porque é minha vida. Passo a maior parte do meu tempo trabalhando, mais tempo do que passo em companhia dos amigos e da família. O que eu mais amo em meu trabalho é poder compartilhar grandes notícias e que elas podem ser importantes para o povo do país, ajudá-los de alguma maneira. É isso que dá significado a meu trabalho.
>
> Por exemplo, ontem cobri uma sessão no tribunal acerca da censura. Algumas cenas de determinados filmes indonésios foram cortadas e os diretores e produtores contestaram esse fato. Eles achavam que os cortes foram arbitrários e, de qualquer maneira, não deve existir ne-

nhum tipo de censura. Se os cineastas vencerem, haverá um grande impacto. Caso não vençam, continuará a ser parte da história cinematográfica da Indonésia. É uma ótima história e eu amo o fato de poder estar lá e de levar essa notícia a todo mundo.

Mas Ayu não começou a vida querendo estar na televisão ou mesmo ser repórter:

Eu graduei-me em relações públicas e antes disso trabalhei como *freelancer* em diversos lugares e também como organizadora de eventos. Eu esperava ser capaz de ter boas relações com as pessoas e as empresas. Tentei conseguir um emprego na área, mas não havia nenhum disponível naquele momento. Nos últimos cinco anos, a mídia tornou-se muito grande aqui. Existem oito tevês nacionais privadas, muitas tevês locais, diversos jornais, tabloides e revistas, estações de rádio e websites. Portanto, essa é uma área popular e muitas pessoas desejam estar nela e estudam rádio e tevê na faculdade. Então, eu candidatei-me para um cargo de produtora assistente em uma empresa de mídia internacional que fazia programas de tevê. Quando eles me entrevistaram, eu disse: "Sei que existem muitas outras pessoas que podem até ser mais espertas do que eu, mas vocês não vão se arrepender de me contratar porque gosto de aprender tudo e vou tentar dar o melhor de mim para a empresa".

Ela sabia que estava entrando num campo muito competitivo, mas eliminou antecipadamente a concorrência ao demonstrar seu genuíno entusiasmo pelo trabalho durante a entrevista. Mostrou-se aberta e honesta sobre quão envolvida estaria com o trabalho. Eles a contrataram e não se arrependeram da decisão.

Ayu tinha acabado de entrar num campo desconhecido, mas provou que estava disposta a fazer qualquer coisa. Tendo experimentado a mídia, ela sabia que era o lugar onde queria estar em vez de prosseguir em sua ambição original no campo das relações públicas. Ela demonstra quão longe você pode ir e o tamanho do sucesso que pode ter se mergulhar plenamente no trabalho que faz. Voluntariar-se para todo o tipo de trabalho foi importante para ela reunir experiências vitais quanto a toda uma gama de trabalhos em shows de tevê: Family Feud, Touch the Car e Indonesian Idol. Tudo isso mostrou ser uma preparação essencial para o futuro e levou-a a uma posição muito mais forte, quando decidiu seguir em frente.

Depois de dois anos, Ayu começou a procurar em outros lugares uma maneira de desenvolver-se na carreira. Aquela empresa tinha uma gama limitada de programas que passou a restringir seu progresso. Em busca de uma experiência mais ampla, ela foi conversar com a tevê RCTI:

> É muito difícil tornar-se funcionário da RCTI, porque o canal conseguiu construir uma grande reputação desde que começou, há 18 anos, como a primeira televisão privada da Indonésia. Hoje em dia, eles nem anunciam os cargos disponíveis na empresa. Em vez disso, usam *headhunters* – às vezes vêm pessoas de outras estações de tevê, ou alguém que tenha apenas sorte. Eu considero-me uma dessas pessoas com "sorte". Na verdade, mandei minha solicitação de emprego pelo correio por seis vezes durante seis meses, testando minha sorte e na esperança de que eles me percebessem. Então, um dia, eles chamaram-me para uma entrevista e mostraram-me que haviam guardado todos os meus formulários de inscrição para candidatar-me ao cargo. Eu havia demonstrado a todos que desejava aquele emprego e que estava determinada a consegui-lo. Fiz uma entrevista e numerosos

testes psicotécnicos e exames de saúde, e ainda precisei responder a dez perguntas sobre o que eu faria nos programas. Assim, finalmente, eles ofereceram-me o cargo de produtora assistente, e foi como um sonho tornando-se realidade.

Ela precisou provar a si mesma mais uma vez. Seu desempenho foi percebido e devidamente recompensado:

> Um dia, meu chefe chamou-me e disse que, durante os últimos seis meses, ele havia avaliado minha capacidade, minha lealdade e os esforços que fazia pela empresa. Disse também que queria dar-me uma oportunidade para que eu crescesse e me desenvolvesse melhor, tornando-me repórter. Eu não possuía nenhuma qualificação para aquele trabalho, mas senti que poderia sobreviver e aceitei. Como mergulhei no trabalho e mostrei-me disposta a fazer inúmeras tarefas, isso possibilitou que eu tivesse uma ampla gama de experiências. Acho que foi isso, então, que deixou meu chefe confiante de que eu poderia ser repórter.

Alguns de seus colegas não ficaram muito felizes, e Ayu realmente precisou demonstrar que merecia aquela chance:

> Foi muito difícil no primeiro mês. Muitas pessoas estavam se perguntando por que eu me transformara em repórter, duvidando de minhas habilidades. Mas eu sabia que precisava tentar. Minha mãe e meu chefe acreditavam em mim, então não prestei atenção aos comentários. Em certa ocasião, cometi um erro e não conseguia me lembrar do nome da pessoa a quem tinha ido entrevistar. Desde então, percebi que precisava ser a melhor em meu trabalho e trabalhar duro para superar tudo aquilo. Foquei nessa questão, mantendo o controle e não me transformando no fracasso que eles achavam que eu seria. Para começar, perguntei a

muitos colegas veteranos como conseguir contatos e informações. Aprendi com eles até poder, finalmente, fazer isso sozinha. Enquanto, no início, meus colegas duvidavam de mim, eu encarava isso como um desafio de mostrar-lhes que era capaz e de provar que poderia ser uma grande repórter e que meu chefe não estava errado em ter-me dado essa oportunidade.

Nem todo mundo age como Ayu. Ela vê algumas pessoas fazerem o trabalho delas com menos empenho e outras que preferem ficar mais tempo com a família. Mas Ayu admite que vive e respira o trabalho. Sempre que sua empresa precisa de ajuda – mesmo nos dias de folga – ela está presente e procura ficar disponível: "Nunca olho o relógio", diz, "apenas faço o trabalho". Não se trata apenas do tempo que ela despende no trabalho: ela sente que precisa saber de tudo a respeito das notícias e dos eventos correntes. Para ser a profissional que é e fazer o melhor possível, ela se empenha totalmente no trabalho:

> Uma repórter precisa ter curiosidade por todos os tipos de notícia, e eu acho que sou assim desde adolescente. Uma grande repórter também deve ter um amplo e vasto conhecimento geral. Isso é algo em que ainda estou trabalhando todos os dias. O maior desafio é sentir que você precisa saber de tudo, mais do que qualquer um. Isso me obriga a ler, manter os olhos abertos, ouvir cuidadosamente qualquer informação e aprender mais e mais. Mas eu adoro isso...
> Todos os dias, meu trabalho segue o mesmo padrão. Venho ao escritório, checo na internet as últimas notícias, leio os jornais, telefono para algumas pessoas que talvez possam ter boas informações. Então chamo um câmera (se estiver trabalhando em dupla) e um motorista para ir até

determinado evento e meu telefone toca o tempo todo. Alguns dizem que trabalho demais e que sou louca de trabalhar até tão tarde. Mas não me sinto assim!

Recentemente, ela aprendeu a ser videojornalista. Isso tem ampliado suas competências, de modo que continua a procurar novos aprendizados sobre o trabalho e a aceitar novas oportunidades. Sua abertura às oportunidades significa que ela está se tornando alguém com uma excelente formação e cada vez mais indispensável, já que acumula uma vasta gama de conhecimento.

Mas o que realmente motiva Ayu? Ela não se parece, conversando com ela, uma pessoa agressiva e implacável, alguém movida por uma ambição desproporcional. Quando lhe pergunto sobre o que a incentiva, Ayu responde que é o desejo de deixar seus pais mais felizes e de se dar ao máximo a cada dia. Sua crença religiosa também a motiva e a faz abraçar o trabalho de forma mais plena:

> Acho que procuro ser um sucesso naquilo que faço para deixar meus pais mais felizes, pois eu os vi sofrer muito. Não sei se eles já estão felizes por verem em quem me tornei, mas acho que eles sabem que procuro sempre fazer o melhor em tudo. Eles não tinham grandes expectativas a meu respeito. Na verdade, nunca me pediram nada. Eles sempre dizem que, para eles, é suficiente saberem que estou feliz e que me sinto bem-sucedida. Nunca tiveram dinheiro suficiente para comprar uma casa. Então, desde que eu nasci, até agora, tenho vivido em diferentes casas alugadas. Agora moro numa casa alugada perto de meu escritório, mas sonho comprar uma casa para eles algum dia. Sempre tento dar o melhor de mim, não importa o que seja, e fazer meu trabalho com toda a minha alma. Quando encaro minha vida a cada manhã, desejo

dar o melhor de mim para os outros. Na minha religião [islamismo], está dito que trabalhar é uma maneira de ficar mais perto do amor de Deus. Às vezes, eu sinto que tenho muita energia dentro de mim.

O relacionamento com os colegas está melhor agora, depois que ela revelou-se capaz, e isso é uma parte vital do trabalho. Ela precisa fazer parte da equipe e ter a cooperação das pessoas ao seu redor para poder realizar suas tarefas corretamente. Numa recente atribuição de cobrir a competição Miss Mundo na China, faltava um câmera porque havia várias coisas ocorrendo ao mesmo tempo em todo o país: "Então, os meus colegas ensinaram-me como operar a câmera e também como editar as imagens usando um *notebook*, durante duas semanas, 12 horas por dia!".

Como uma jovem e inexperiente funcionária, numa indústria competitiva, Ayu está usando seu tempo sabiamente. Mas existem táticas que ela tem aplicado para que se sobressaia na concorrência – coisas que podemos aplicar em nossas próprias situações.

Ela mandou seu currículo seis vezes para uma empresa onde realmente queria trabalhar. Nunca desistiu. E finalmente recebeu o convite que estava esperando.

Sua franqueza e abertura para as oportunidades, aliadas a sua enorme força de vontade, permitiram-lhe acumular as competências essenciais e a se equiparar com seus colegas mais qualificados e experientes. Ela provou que paixão e entusiasmo pelo assunto podem substituir a falta de algumas qualificações.

Ela errou e foi obrigada a suportar as críticas dos colegas, mas não deu importância. Em vez disso, assumiu o desafio e trabalhou duro para provar a si mesma que era a nova repórter. Ayu não teria essa oportunidade novamente. Procurou absorver tudo o que estivesse relacionado com as notícias e com os eventos correntes, pesquisou seus entrevistados e preparou-se cuidadosamente para suas reportagens. E está sempre aberta para as oportunidades de adquirir novas competências.

Mais importante ainda, o fato de lidar bem com uma equipe é uma característica de seu trabalho. As pessoas desejam estar com outros membros da equipe que sejam positivos e colaboradores – que é precisamente o que Ayu faz. Ela nunca se deixa estagnar – porque não pode permitir-se fazer isso.

Ayu é a profissional consumada. Ser a melhor naquilo que faz é parte de sua filosofia. E essa filosofia implica aceitar o destino: "Eu sinto-me como a água, apenas seguindo a corrente". Por fim, esse é seu emprego dos sonhos e ela quer agarrar-se a ele.

CONSELHOS DE AYU

1. Seja inteligente, criativo, resistente e procure sempre aprender muitas coisas.

2. Mantenha boas relações com todos.

3. Nunca duvide de si mesmo.

4. Construa um leque de experiências, tais como estágios ou trabalhos como *freelancer* – isso também ajuda seu currículo. E sempre envie o currículo mais de uma vez – pode ser que eles não o tenham recebido!

5. Tente fazer cada trabalho – não importa que seja grande, pequeno, importante ou não – com todo o seu coração. Ame seu trabalho. Porque o que nós somos é aquilo que fazemos em nossa vida.

6. Se você não fizer nenhum progresso, apenas lembre-se: nunca desista! Aprenda com seus erros.

CONTAGEM REGRESSIVA PARA SEU EMPREGO DOS SONHOS
Aconselhamento de carreira por Carole Ann

CLAREZA INSTIGANTE

Mergulhar em seu sonho é a força motriz das histórias deste capítulo. Você acha que essas pessoas têm sorte por ter essa visão tão instigante? Será que sua meta é tão atraente assim? A verdade é que, quando estamos apaixonados por algo, somos atraídos como as abelhas para um pote de mel, e se nosso sonho é claro e irresistível, isso acrescenta significado a todo o trabalho e às pesquisas que dedicamos para realizá-lo.

Se você acha que está perdendo de vista o seu objetivo, então é hora de redesenhar sua visão e de mergulhar nela da maneira que puder. Comece a dizer às pessoas o que é que está procurando, peça favores e visualize a si mesmo já ocupando o papel que você procura. Como é a sensação? Como você se vê nesse papel? Como é a vida com você já estando lá?

Segure seu sonho com delicadeza, mas firmemente, como se fosse um pequeno pássaro em suas mãos, mas continue centrado no aqui e agora e curta a vida. Não permita que seu objetivo domine cada hora de seu dia. Algumas vezes, quando estamos "pressionando demais", quando nossas expectativas estão no apogeu, nossas esperanças estão prontas para a grande ruptura ou para quando o telefone tocar, o processo se torna estressante e cansativo, e podemos não enxergar as oportunidades passando em nossa frente e perdê-las.

Como você pode deixar esse processo mais fácil e vivê-lo com menos esforço?

PLANO DE AÇÃO DE CAROLE ANN

1. Ofereça-se para fazer algumas coisas por livre iniciativa na nova profissão que escolheu. Dê palestras gratuitamente, ofereça-se para falar em público – qualquer coisa que você ache que pode espalhar a notícia sobre sua nova paixão, talvez atrair novos negócios e explorar o novo campo sem investir muita coisa.

2. Forme um grupo com outras pessoas que já fazem ou que pretendem fazer aquilo que você faz.

3. Inicie uma comunidade com pessoas de ideias semelhantes, compartilhando-as.

4. Faça parte de uma comunidade virtual de pessoas que dividam seu conhecimento – pessoas que trabalham em casa quase sempre mantêm comunidades e podem recomendar consultores, *web designers*, contadores, técnicos em computação etc. Não há necessidade de ficar isolado.

5. Passe as novidades adiante. Nunca se sabe quem pode ajudá-lo ou quem pode precisar de seus serviços.

6. Procure conseguir bons conselhos sobre negócios com seu contador ou com seu gerente do banco. Ideias criativas sozinhas não pagam as contas.

7. Se você sente-se na beira do abismo, procure aplacar o medo ou vai torturar-se pensando que o resto de sua vida poderia ser tal como é agora – com você entediado, desmotivado, ressentido e subvalorizado –, caso não mude. Não é bem uma zona de conforto, é?

8. Aceite que é perfeitamente normal sentir-se assustado, com medo, apreensivo e até mesmo aterrorizado. Esse é um negócio muito excitante e sua coragem e paixão serão recompensadas. Não perca sua energia.

# CAPÍTULO 9
FAÇA UMA TRANSIÇÃO BEM-SUCEDIDA

> *Todo o objetivo de ser inteligente, dinâmico e motivado é conseguir um trabalho do qual você goste, para que possa aproveitar sua vida por completo – de modo que ela não comece somente após as seis da tarde.*
>
> Victoria Wood[12]

Se a jornada até agora tem sido difícil e exaustiva, você poderia muito bem estar-se perguntando se tudo isso vale a pena. Você pode, evidentemente, optar por ficar na infelicidade que conhece bem (e que lhe é familiar), ou então pode tentar alcançar seus sonhos e toda a alegria e a satisfação pessoal que eles irão lhe proporcionar (o desconhecido). Todas as transições vêm com uma perda. Deixamos para trás o familiar e embarcamos no desconhecido. Juntamente com as emoções e a excitação do novo chegam a ansiedade e os arrependimentos, é claro. Como seres humanos, estamos fisicamente sujeitos a ter medo das mudanças, mas muito em breve o desconhecido torna-se tão rotineiro como andar de bicicleta. Só precisamos de algum tempo e de paciência conosco ao assumirmos esses novos desafios. Não perca de vista por que é que você está fazendo tudo isso. Não se esqueça de qual era a sua intenção quando você a definiu – e não se esqueça de que você tem escolhas ao longo de todo o caminho. Você não se esqueceu do que pode ganhar com tudo isso, não é?

Muitas histórias neste livro mostram os entrevistados chegando a um "ponto de crise". Mas será que essa é a única forma de fazê-lo? Será que é inteiramente necessário atingir o ponto em que o medo do tédio diário torna-se maior do que o medo de mudar? Você precisa esperar pela dor mais profunda para andar depressa? E será que o aguilhão que o estimula não poderia ser a emoção do desconhecido?

Seja prático. Que tipo de trabalho *freelancer*, contratos e reuniões você pode conseguir para convencer a si mesmo de que agora é o momento certo de fazer a mudança? Construindo relacionamentos e conhecimentos pode-se também obter autoconfiança. E aquela tão esperada mudança de carreira torna-se menos assustadora. De repente, você já estará fazendo essa mudança em vez de recear mergulhar nela, perguntando-se como seria. Trata-se de estar dentro da piscina, e não de um momento antes, aquele em que você se pergunta como seria a sensação de mergulhar em água fria. Comece a imaginar-se nesse novo lugar. Maravilhe-se com aquilo que você pode iniciar, com o que pode descobrir, quem você pode conhecer. Dê a si mesmo uma chance de surpreender-se – e a todos os demais – com o que pode alcançar.

DICA NOTA DEZ
Decida-se por fazer uma viagem fácil e sem esforço. Deixe de se debater, liberte-se.

Andy não sabia nada a respeito da indústria em que ele queria trabalhar – e não conhecia ninguém que trabalhasse no ramo. Mas conseguiu fazer a transição do estado de ignorância para a maravilhosa posição de ser um perito respeitado no campo que escolheu e, sobretudo, ganhando a vida no trabalho dos sonhos.

ELE CONSEGUIU

Andy
Idade: 43 anos
Era: auditor interno no Reino Unido
Agora: escritor freelancer de gastronomia no Reino Unido
Chave para o sucesso: "a percepção de que um amador interessado pode ter tantos conhecimentos e perícia quanto um profissional"
Paixão: gastronomia

Andy foi-me apresentado como alguém que estava no processo de transição de um trabalho em escritório para o trabalho dos sonhos. Ele tem os pés no chão, é humilde e até mesmo introvertido. Ele não possuía a vantagem de ter pais com bons conhecimentos nem contatos na imprensa que preparassem o caminho para ele. Andy é uma pessoa comum. Mas ainda assim conseguiu penetrar num campo extremamente competitivo e fez isso de maneiras que são bastante viáveis para todos nós.

Como auditor interno, ele estava atado a um trabalho desanimador e cheio de pressão, mas paralelamente a isso alimentava seu verdadeiro entusiasmo. Seus projetos extracurriculares permitiram-lhe, por eventualidade, transferir-se para seu trabalho dos sonhos. Ele fez uma transição quase perfeita. No entanto, demorou 20 anos antes que se sentisse capaz de fazer tal mudança.

Depois de várias tentativas, ele finalmente deu o mergulho, deixou seu trabalho no escritório e agora é um crítico gastronômico *freelancer* bem-sucedido, trabalhando para jornais e revistas do Reino Unido e também internacionais.

Imagine a cena: três pessoas numa central telefônica quase transformada em uma sala comum. Sem janela a não ser uma estreita claraboia, sem instalações nem equipamentos que tornassem o trabalho mais fácil, além de haver arame farpado sobre a cerca ao redor do perímetro. O que poderia estragar mais o seu humor do que essa cena logo pela manhã bem cedo?

Você pode suportar isso?

Andy era infeliz desde o primeiro dia, então por que ficou em seu emprego durante 20 anos? Como muitos de nós, ele tinha seus compromissos: "Eu precisava pagar as prestações da hipoteca e alimentar as crianças. Não conseguia enxergar uma saída", diz. "Nunca fui adiante nem consegui muita coisa em meu trabalho, porque jamais gostei dele." Ele continuou naquela monotonia e, mesmo tentando sair em numerosas ocasiões, nunca conseguiu fazer isso de verdade.

Mas espere, em primeiro lugar, como Andy acabou num trabalho que ele detestava? Aos 17 anos, ele precisava arranjar um emprego para poder sair de casa. Seu entusiasmo real nessa altura era a música, e ele tocava em algumas bandas, mas sem ter ideia de como transformar em realidade uma carreira de músico, além de precisar de dinheiro rapidamente. Como resultado, candidatou-se a um emprego na companhia telefônica, por causa de um anúncio no centro de empregos de Portsmouth. Vinte anos depois, ele ainda estava lá.

Em sua recém-adquirida quitinete, ele alimentava-se com aquele tipo de comida que exige apenas adicionar água quente e misturar tudo. Mas quando sua namorada surgiu em sua vida, ele começou a cozinhar, e seu entusiasmo por essa atividade cresceu (ele vinha de uma família em que a mãe detestava cozinhar e a comida não era algo muito importante, por isso precisou, então, começar do zero). Londres estava apenas iniciando sua explosão de novos restaurantes e Andy fez um considerável esforço para viajar de Portsmouth para conhecê-los. Jantar fora tornou-se uma paixão cada vez mais crescente.

Mais tarde, ele leu um artigo na revista *Elle* de sua esposa, que falava do mais recente restaurante de Terence Conrad em Londres, o Pont de la Tour. Em seu aniversário, Andy reservou uma mesa, e descreve aquela ocasião como "o momento fundamental que desencadeou todo o resto". Ele ainda guarda o recibo daquele jantar:

> Fiquei maravilhado com tudo aquilo. Quando vi na revista aquele restaurante, não parava de pensar que eu precisava ir até lá! Não era apenas por causa da comida. Quando cheguei lá, vi as portas vaivéns da cozinha e fiquei com vontade de saber o que acontecia por trás delas. A onda de *chefs* celebridades estava apenas começando e fiquei bastante intrigado a respeito e inspirado

por Marco Pierre White e por Gary Rhodes. Eu queria ser como Pierre White. Eu nunca havia conseguido muita coisa em meu trabalho porque não estava lá muito interessado nem focado e, também, porque na minha vida profissional não havia criatividade. Convenci-me, então, de que ser *chef* de cozinha seria algo bastante criativo.

A experiência de jantar no Pont de la Tour deixou Andy tão bem impressionado que ele escreveu uma carta para o proprietário do restaurante falando a respeito disso e aproveitando para comentar que, como ele estava pensando em mudar de carreira, gostaria de obter, de alguma maneira, alguns conselhos. Ele enviou a carta para "Terence Conran, em mãos". O *chef* de cozinha entrou em contato com ele convidando-o a dar uma olhada nas cozinhas do restaurante. Mais tarde, ligou para Andy e disse que havia poucas pessoas no sábado!

Andy respondeu que não possuía nenhuma experiência em cozinha e que sua presença seria de pouca, ou nenhuma, utilidade. Mas o *chef* não se importou com isso. Andy ficou sabendo que não há muito pessoal nas cozinhas dos restaurantes e que mais um par de mãos trabalhadoras pode ser de muita utilidade, mesmo que ela não tenha experiência. Armado com seu conhecimento e com a recém-adquirida experiência na cozinha do Pont de la Tour, Andy sentiu-se encorajado a contatar outros restaurantes e solicitar mais períodos de experiência. Alguns restaurantes responderam "não", mas a maioria disse "sim". O plano era especializar-se para tornar-se *chef*, largar o emprego atual e viver feliz para sempre.

Esse sonho terminou quando seu plano de comprar uma casa em Londres não se realizou, levando todas as suas economias junto. Ele e a esposa reavaliaram a situação e sentiram que aquele não era mais o momento certo. Assim, o trabalho no escritório continuou. Quando era possível,

Andy engenhosamente combinava o trabalho com sua paixão e, durante suas viagens a trabalho para o exterior, garantia alguma experiência na cozinha de restaurantes fora do país. Além disso, seu trabalho como auditor o fez ter bastante experiência em entrevistas, em checagem de fatos e em escrever relatórios. Isso requeria perfeição e um olho para os detalhes. Foi o que o preparou, analisando retrospectivamente, para o seu trabalho como jornalista.

Como sua experiência em cozinha aumentou rapidamente, tanto em casa quanto nos restaurantes, Andy entrou no concurso da BBC, *Masterchef*. Ele foi muito bem-sucedido e chegou até as semifinais. Porém, o mais importante foi a mudança de ideia quanto a tornar-se *chef*:

> Na verdade, quando tentei aquilo percebi que *não* era criativo. Ser *chef* é muito desgastante e quase sempre um trabalho entediante. Retrospectivamente, fico feliz de que meu plano de abandonar o emprego e tornar-se *chef* não tenha dado certo.

Andy começou a refletir sobre os outros papéis que poderia exercer dentro da indústria dos restaurantes. Ele escreveu um artigo sobre sua participação no *Masterchef*, mas não conseguiu que alguém aceitasse publicá-lo. Então montou seu próprio website, onde poderia escrever sobre os pratos. Era uma forma primitiva de blog:

> Como resultado dessa aventura, fui contatado pelo website eGullet.org para ser o moderador. Como os *chefs* e outros escritores de gastronomia visitavam o site, passei a ficar conhecido por eles – e também conheci outras pessoas nessa indústria.

Ele estava fazendo incursões nesse outro mundo "da comida". Andy vinha acumulando bastante experiências relevantes.

Mas como poderia dar um mergulho completo nesse mundo da culinária e da gastronomia? Apesar de ser uma posição não assalariada, seu papel como moderador no eGullet.org acabou-lhe proporcionando dividendos inesperados. Um almoço organizado por Andy aos membros do site no agora mundialmente famoso restaurante Fat Duck contou com a presença de um dos principais críticos gastronômicos de Londres, que muito generosamente concordou em passar-lhe os contatos das empresas de RP de um bom número dos principais restaurantes britânicos. Ao registrar-se nessas empresas, Andy passou a ter o mesmo acesso a eventos e inaugurações que o círculo mais exclusivo dos críticos de vinhos e de restaurantes:

> Mesmo sendo tão introvertido, eu queria ir a esses eventos e falar sobre culinária e gastronomia com as pessoas. Não sou um cara muito confiante, em geral, mas, quando converso sobre isso, sei bem o que estou dizendo. Na verdade, se você também gosta de falar sobre esse assunto, ficará contente; mas, se não gostar, vai me achar um cara chato demais.

Foi simplesmente por continuar envolvido nesses círculos que Andy estava agora participando dos mesmos eventos que os mandachuvas do meio. Eu gosto do fato de que, no início, Andy organizou eventos de culinária para pessoas que pensavam como ele. Isso permitiu-lhe explorar esse novo mundo e compartilhar sua paixão. Organizando esses eventos e participando deles, Andy acabou sendo conduzido para um avanço extraordinário. Foi em um deles que conheceu dois editores que o ajudaram bastante na carreira e ofereceram-lhe oportunidades para futuros trabalhos.

Ao mesmo tempo, de volta ao trabalho diário, surgiu uma oportunidade de demissão voluntária que nunca havia sido oferecida antes.

Quando isso aconteceu, diz Andy:

> Eu havia chegado a um estágio em que estava confiante de conseguir alguma forma de ganhar a vida antes que o dinheiro acabasse. Retrospectivamente, isso parece algo audacioso, mas eu não me sentia assim tão valente. Era muito difícil sair da auditoria interna, pois meu chefe era alguém que preferia manter as pessoas ali por muito tempo. Eu sabia que me arrependeria se não fizesse aquilo, mas não tinha nenhum plano para depois de meu primeiro artigo.

Durante os primeiros dias em sua nova carreira, Andy admite que precisou convencer-se de que era escritor. Ele comprou para si mesmo um tesouro, *The Elements of Style*, de William Stunk Jr. e E. B. White, e o livro de Stephen King, *On Writing*. Além disso, associou-se à liga dos escritores sobre culinária e alimentação. Ele já havia escrito para algumas revistas dessa indústria, por alguns meses, mas, a não ser por isso, suas únicas qualificações como escritor eram suas redações do colégio e as lembranças de um professor de inglês que notara o seu potencial.

Então, o que o fez pensar que poderia escrever profissionalmente e sobreviver num campo tão competitivo?

> Essa é uma boa pergunta. E a resposta é *não sei*, exceto que as pessoas parecem gostar daquilo que escrevo. Como um entusiasta amador, aprendi que você pode competir com os profissionais. Se você puder escrever, se conhecer bem o assunto, se cumprir os prazos e for entusiasmado, pode ser valioso para os editores e ganhar a vida com isso.
> É surpreendente descobrir que existem algumas pessoas nesse meio que não escrevem bem e que não estão familiarizadas com os assuntos sobre os quais escrevem. E suspeito que isso também aconteça em outros campos. Eu senti

que era um novato no pedaço, mas, na verdade, conhecia tanto quanto os demais. Tive dez anos de uma profunda experiência conhecendo restaurantes e cozinhando.

Os ganhos de Andy em seu primeiro ano foram chocantemente menores quando comparados ao rendimento regular com o qual tinha-se acostumado. Mas os trabalhos agora estão chegando. Ele está escrevendo mais do que fazendo prospectos e, embora tenha sido muito difícil, não sofre mais daquela apreensão diária com a qual viveu nos últimos 20 anos. Ele luta contra a falta de confiança durante os dias em que as coisas vão mal, e sempre acredita que poderia estar fazendo um pouco mais: "Mas essa é a maldição do *freelancer*".

Ele sente também que sua transição está em curso. No momento, está montando um escritório e ajustando-se à ideia de trabalhar por conta própria. Mas acha que tem feito a mudança direito. Seu único erro de verdade foi alugar um local para montar seu escritório: isso revelou-se caro e desnecessário.

Andy deu-se bem porque conhece o assunto, sabe escrever e cumpre os prazos. Esses são seus principais talentos, mas, igualmente importante, é que ele tem conhecido pessoas a quem pode vender suas ideias. Ele também tirou vantagem de sua indenização, porque soube imediatamente que aquela era a sua chance, mas no fundo já vinha se organizando há dez anos para realizar seu novo trabalho.

OS CONSELHOS DE ANDY

1. Faça a sua transição o mais cedo possível. Seja realista sobre com quanto você pode sobreviver. Fiquei estagnado durante anos pela minha falta de vontade de abrir mão de certos luxos e de alguns privilégios. Enquanto puder se alimentar e tiver um teto para morar, estará bem.

2. Quando as pessoas me diziam que "a vida não é um ensaio", eu respondia, "Oh, cale a boca", mas agora percebo que isso é muito verdadeiro. Eu sentia-me preso, mas era preguiçoso e complacente demais, coisas das quais me arrependo. Eu poderia estar muito mais bem estabelecido agora se tivesse saído mais cedo. Lá no fundo, você também sabe isso.

3. Se você está tentando mudar de carreira, crie algo. Se for na música, trabalhe num estúdio durante os finais de semana, faça o café, conheça pessoas. Se você não sabe como fazer isso, precisa aprender. Use a abordagem do "E se..."; não limite seus horizontes. Caso tenha um ardente desejo por algo, você encontrará a coragem e a certeza de segui-lo totalmente.

Andy levou 20 anos para levar a cabo a sua quase perfeita transição de carreira. E se você estiver com a esperança de realizá-la mais rapidamente e quem sabe por mais de uma vez?

Jennifer fez três grandes transições de carreira em sua vida, e cada uma delas em diferentes países. Sua abordagem positiva e receptiva com relação à vida levou-a a todos os tipos de caminhos recompensadores: "Minha fé tem sido restaurada", diz, "todas as vezes em que tento fazer algo novo." Aqui está a sua história...

ELE CONSEGUIU

Jennifer

Idade: 48 anos

Era: assessora legislativa no Capitólio, em Washington

Agora: diretora de uma empresa de relações públicas em finanças, na África do Sul

Chave do sucesso: estar aberta às oportunidades

Paixões: livros, pessoas, arriscar-se em algo novo

Para guiá-la em seu cotidiano, mas também durante o processo de tomada de decisões que mudam a sua vida, Jennifer recorre aos seus maiores instintos. Ela acredita firmemente nisso e acha que as pessoas deveriam usá-los mais vezes. É o que ela tem feito durante toda a vida, construindo sua gratificante carreira, que ela descreve também como sendo "em ziguezague".

Quando conversamos por telefone, depois de eu ter ligado para sua casa na África do Sul, Jennifer pareceu bastante pragmática: "O que você tem a perder?", pergunta a si mesma todas as vezes em que se candidata a um novo emprego ou se move rapidamente numa sucessão de acontecimentos. Ela não se mostra perturbada nem intimidada pela perspectiva de rejeição. Foi ela quem pediu o marido em casamento (e diz que jamais receberia um "não" como resposta), mais uma vez seguindo seus instintos que lhe diziam ser ele o homem certo para ela.

O que é fundamental em Jennifer é o fato de ela estar aberta às oportunidades que batem à sua porta. Ela é o tipo de pessoa muito mais inclinada a dizer "sim" do que "não, obrigada". Isso tem sido um ponto chave para sua carreira. E, por causa dessa abordagem agradável em relação à vida, as pessoas querem trabalhar com ela.

Jennifer é americana e a história de sua carreira começou no Capitólio, em Washington, onde trabalhou como funcionária pública. Ela sonhava em entrar na política?

> Eu morava numa casa cheia de políticos e, depois de me formar em Belas Artes, percebi que precisava de um bocado de novas ideias para ser capaz de me dar bem nesse campo, mas isso não era comigo. Em vez disso, entrei na política, mas essa não era bem uma vocação, é que eu simplesmente nasci nesse meio e a política veio até mim. O Capitólio é meio que dirigido por caras de 23 anos, e eu era uma dessas

jovens de 23 anos. Existia a oportunidade de conhecer pessoas, de criar vínculos e de fazer a diferença. Nós passávamos a vida indo a recepções, vivendo de canapés e uísque, mas um dia liguei para alguém e disse "Por favor, mate-me se eu chegar aos 35 anos e ainda estiver aqui!". Passei quatro anos trabalhando no gabinete dos senadores e dois no do governador. Depois que o mandato do governador terminou, candidatei-me a um cargo de lobista no American College of Surgeons. Cheguei bem perto – depois de 12 entrevistas –, mas foi um cirurgião que conseguiu o cargo.

Perder esse emprego por tão pouco foi algo bastante revelador, e em vez de sentir-se inundada por sentimentos de amargura e decepção, Jennifer teve uma sensação de liberdade:

Realmente achei que quem venceu foi a pessoa certa. Durante as entrevistas, muitos perguntaram por que eu não havia feito uma pós-graduação em Administração Pública. A importância do cargo ocupado estava ficando muito importante na medida em que os Estados Unidos tornavam-se cada vez mais burocráticos. Mas aquilo não fazia muito sentido para mim. E então percebi que não dava muita importância àquele emprego e deixei de levar a rejeição para o lado pessoal. Não sou uma pessoa religiosa, mas concordo com a ideia de que "Deus fecha uma porta e abre outra". O Capitólio era excitante e cheio de significado, mas o trabalho ali também era repetitivo e labiríntico. Percebi que havia alcançado um estágio em que não achava que poderia resistir a outro ano de sessões parlamentares sobre dotações e orçamento.

Jennifer usou a rejeição de emprego como uma oportunidade para realizar sua verdadeira paixão – a leitura:

Passei minha vida lendo (minha mãe costumava colocar-me para fora de casa para brincar). Mesmo enquanto trabalhava no gabinete do governador, eu lia as críticas sobre livros antes mesmo de chegar às páginas sobre política nos jornais. Então, depois de não ter conseguido aquele emprego como lobista, decidi ir trabalhar numa livraria, por menos de 4 dólares a hora, só para ver se gostava daquilo. Era uma daquelas livrarias pequenas e independentes e eu estava exposta a todos os aspectos do trabalho de um livreiro. E sim, eu absolutamente adorei aquilo!

Jennifer ficou na livraria durante dois anos, até que uma de suas amigas perguntou-lhe se ela não gostaria de juntar-se a ela para abrir uma livraria. Como estava sempre aberta às oportunidades, Jennifer aceitou, apesar de não ter a mínima ideia de como começar um negócio desse tipo:

Começamos, então, a procurar um local adequado. Naquela mesma semana, vimos um anúncio informando que a livraria mais antiga de Washington estava à venda. Que tal essa sincronicidade? A livraria Francis Scott Key Bookshop ficava num antigo (muito antigo) prédio de esquina, com dois apartamentos. Era tudo muito decrépito e poeirento, mas também lindo e perfeito. Achei que ficaria ali até morrer, uma velha, decrépita e poeirenta senhora. Mas havia ricos compradores interessados aos montes. Percebemos logo de cara que a testamenteira da herança queria preservar o legado da livraria. Ela havia sido gerenciada por quatro mulheres que fumavam numa espécie de reação em cadeia, e o lugar estava com a pintura descascada na parte externa e amarelada na parte interna. Nós podíamos garantir que não mudaríamos nada daquilo. Afinal, estávamos sem dinheiro! Logo, ter poucos recursos foi bastante útil naquela circunstância. E também desejávamos colocar a mão na massa e nós mesmas vendermos os livros – ao contrário dos demais compradores, que iriam contratar outras pessoas para fazer isso. E a vendedora também não queria prateleiras de madeira, como em todas as livrarias; ela não queria que nada mudasse. Depois de numerosas reuniões, percebemos que realmente queríamos aquilo. Vivian e eu sentamos e escrevemos juntas uma carta apaixonada para a testamenteira, mostrando o quanto queríamos comprar a livraria, e, com nossos últimos cinco dólares, pegamos um táxi e enfiamos a carta por debaixo da porta de seu quarto no hotel. No dia seguinte, a mulher nos telefonou e disse que a loja era nossa.

A pura paixão conquistou a proprietária e eliminou a concorrência. Elas pesquisaram exatamente aquilo que a testamenteira estava procurando — e elas sabiam que eram perfeitas para a livraria:

> Vivian havia herdado algum dinheiro, eu usei até o limite os meus cartões de crédito e nós duas juntas conseguimos arrecadar a quantia *exata* para comprar a livraria mais antiga de Washington, do espólio da recém-falecida proprietária de 75 anos (que tal isso como expressão da frase "o que tinha de ser"?).

Mas elas não tinham apenas aquele desafio de conquistar as graças da testamenteira, precisavam também impressionar favoravelmente os fiéis clientes da livraria:

> Isso foi um calvário, já que os clientes da livraria nos viam como duas intrusas. A vizinhança adorava aquela livraria, pois a considerava como propriedade e estava profundamente desconfiada de nós, porque a compramos. Vinham pessoas incumbidas de nos testar. Mas todas as vezes que faziam perguntas sobre as publicações mais recentes, sobre sugestões de livros, sobre os títulos de Anthony Po-

well, acabávamos passando no teste, o que fez com que finalmente fôssemos aceitas. Aquela livraria parecia saída de uma obra de Nancy Mitford. As pessoas mandavam seus motoristas virem buscar os livros que tínhamos recomendado. Katharine Graham (a poderosa editora do *Washington Post*) vinha pessoalmente procurar livros para ela e para seus netos. Diplomatas e idosos que colecionavam livros sobre espionagem brigavam entre si por causa dos novos lançamentos. A gente lia os obituários e calculava quanto dinheiro iríamos perder quando um cliente habitual falecia! Um povo excêntrico também frequentava o lugar. Tínhamos um cliente que possuía a mais proeminente coleção de Molière do mundo, e ele costumava brincar dizendo que a Universidade de Yale estava esperando que ele morresse – esse senhor possuía dois apartamentos, um para ele e outro para seus livros. Ele era dono de uma carta assinada por George Washington. A gente não usava caixa registradora e os clientes tinham uma conta cada um. Apenas uma vez em cinco anos sofremos um calote.

Mas como foi essa enorme transição, de uma vida na política para aquele peculiar e antiquado mundo de uma livraria?

Escolher um livro e fazer diferença na vida de alguém significava muito mais para mim do que determinar um orçamento. Por exemplo, um dia uma cliente veio procurar alguns livros para ler durante as férias. Ela queria seis livros e levaria qualquer um que eu indicasse. Então, parei para pensar e refletir sobre o que seria bom para ela e finalmente fiz as indicações. Esperei e esperei a mulher reaparecer para dar-me um retorno sobre os livros que eu havia indicado. Finalmente ela voltou para dizer que "havia adorado todos os livros que eu havia indicado". Isso significou muito mais para mim do que uma carta de agradecimento que recebi um dia de Nancy Reagan! Mas, de vez em quando, eu sentia aquelas pontadas súbitas de saudades da política. Quando via as luzes no Capitólio indicando uma sessão noturna, sentia a necessidade de perguntar ao motorista de táxi o que estava acontecendo. Em Washington, você se sente envolvido pela política.

Jennifer e Vivian moravam nos apartamentos que vieram com a loja e pagavam um salário miserável a si mesmas. Os amigos de Jennifer no Capitólio, enquanto isso, estavam começando a ganhar muito dinheiro e subsidiavam seu magro salário levando-a para comer fora:

A desvantagem daquela vida de livreira é que era pouco rentável. Eu suspeitava que, com o tempo, as grandes redes de livrarias iriam nos obrigar a fechar as portas. Nós estávamos também bastante determinadas a só vender "bons livros" e tínhamos sorte de fazer parte de uma comunidade literária que tinha dinheiro. Se tivéssemos sido obrigadas a competir comercialmente, teríamos fracassado.

Mas Jennifer gostava de ser uma incomum proprietária de livraria numa cidade dominada pela política. Ela se sobressaía. E havia encontrado em Vivian a sócia perfeita:

Quando um novo livro ia ser lançado, ela dava uma saída e voltava 12 horas mais tarde com ele nas mãos e dizendo "Tire o dia de folga amanhã e leia o livro". Eu lia entre seis e sete livros por semana. A Francis Scott Key era conhecida por colocar os livros no mapa. Nós tínhamos muitas festas de lançamento em elegantes casas históricas e podíamos vender mil cópias do livro do filho, do colega ou do protegido de alguém. Fizemos amizade com os restauradores das mansões e nos alojávamos calmamente em um canto, bebendo. Certa vez, sentamo-nos sob um Renoir, apenas olhando para ele e sabendo que nunca o veríamos novamente. Sabia que estava chegando próxima de ficar independente, pois começava a ser convidada a ir a diversos lugares. Eu era uma pessoa incomum – uma *commodity* – numa cidade dominada pela política. Estava curtindo aquilo e tinha certeza de que nunca iria me casar.

Jennifer tinha seu trabalho dos sonhos e sentia-se satisfeita e confiante quanto a si mesma. Mas, no momento em que estava se acomodando em sua "solteirice", um dos clientes da livraria convidou-a para uma festa e "o homem que abriu a porta para me receber tornou-se meu marido", diz. Demorou apenas 45 dias para seu instinto saber que era ele. Ele vivia na África do Sul e eles começaram um relacionamento a distância. Quando, finalmente, se casaram, quase três anos mais tarde, haviam visto um ao outro durante apenas 45 dias no total.

Depois da troca de correspondências Jennifer viajou para a África do Sul a fim de conhecer a família de Tim. A política voltou a emergir como um elemento importante em sua vida:

O Congresso Nacional Africano, o partido político no poder na África do Sul, e o país estavam numa grande bagunça. Era a história mais importante no mundo. Tim era jornalista e eu não conseguia fazê-lo sair dali. Eu o convidei a conhecer meus pais, o que foi um dia muito emocionante e intenso. Não deu tempo de fazer nenhum tipo de preparação para meus pais, pois já fui logo apresentando-o como o homem com quem ia me casar e com quem ia morar na África do Sul. A conversa saiu rapidamente de "E então, você tem irmãos ou irmãs?" para "O que você irá fazer para proteger nossa filha se o seu país explodir?". Tim foi interrogado severamente por meu pai: "Jennifer tem um enorme grupo de pessoas para apoiá-la. Você terá de fazer o papel de toda essa gente para ela". Eu lhes garanti que ele faria.

Jennifer e Vivian mantiveram a livraria, mas, em seguida, foi necessário vender o prédio onde ficavam tanto a livraria quanto os apartamentos onde elas viviam. Elas decidiram tentar passar a livraria para a frente, mas não conseguiram. Por fim, teve de ser fechada.

Jennifer iniciou então uma nova fase em sua vida. Quando a África do Sul tornou-se uma democracia, ela deixou os Estados Unidos, seus amigos e sua família para reunir-se a Tim, tendo de fazer a transição de dona de livraria nos Estados Unidos para alguém que procurava um novo emprego em um novo país:

>Quando finalmente cheguei à Cidade do Cabo, com dois gatos, minha velha e querida cama de ferro e 53 caixas de livros (pobre Tim, ele tornou-se perito em construir prateleiras), pensei em voltar para a política porque jamais poderia repetir a mais perfeita experiência de livraria no mundo. E não queria manchar aquela memória. Também, do ponto de vista prático, na África do Sul havia uma enorme taxa de analfabetismo. Então, escrevi para todos os partidos políticos oferecendo meus serviços como pesquisadora. O CNA jamais escreveu de volta, mas a oposição sim – o que foi um difícil dilema logo para começar. Eles queriam um parágrafo sobre o CNA e a "incoerente política externa na Nigéria", sobre o que eu não sabia absolutamente nada. Escrever aquele parágrafo custou-me sete horas, mas isso provou que eu era capaz de fazê-lo. Foi um curso intensivo sobre a política sul-africana. Em seguida, eles pediram-me que escrevesse discursos para o Parlamento. "Por que discursos?", perguntei. "É que você já ouviu muitos discursos, e dos bons", responderam. E foi o que eu fiz. O modo

como eu abordava os discursos era sempre pensar em qual era a público e o que ele queria ouvir.

Depois de um ano, Tim foi nomeado correspondente estrangeiro em Londres. Como sempre quis morar lá, Jennifer foi alegremente com ele. Novamente ela assumiu a mudança e fez a transição de escritora de discursos políticos na África do Sul para alguém que procurava emprego em Londres. Então, o que aconteceu dessa vez? Quando uma amiga indicou-lhe um anúncio que procurava por uma assistente para uma agente literária, Jennifer candidatou-se. De onde veio a coragem e a autoconfiança? Foi o que lhe perguntei:

Bem, o que se tem a perder? De verdade, o que de pior pode acontecer? Todas as vezes que dei um salto de fé, confiando em algo positivo, sempre fui recompensada. Eu estava aberta a uma mudança de vida. Queria trabalhar em Londres. Não havia sentido em lamentar o fim da livraria ou em arrepender-me de deixar a África do Sul. Realmente acredito que se você se mantém aberto ao Universo, será recompensado por estar receptivo a ele. Minha fé tem sido restabelecida todas as vezes que tento algo novo.

A agente literária designou Jennifer como sua assistente. Durante os quase dois anos em que trabalhou com isso, Jennifer viu-se "mergulhada no sofá com manuscritos e lanches enquanto examinava minuciosamente cerca de mil originais e conseguia que uns três fossem aceitos pelos editores".

Ela abandonou o trabalho quando voltou para a África do Sul, com outra mudança de carreira assomando indistintamente. A independência que ela havia experimentado na agência levou-a a pensar em organizar-se para fazer algum tipo de trabalho *freelancer*.

Foi nesse ponto que vi que preferia trabalhar em casa. Eu tinha um ou dois trabalhos extras alinhados (um deles para fazer algum tipo de trabalho jornalístico em um instituto de pesquisa de um amigo e o outro para dar pareceres sobre manuscritos para uma editora), e precisava de mais um para ter um nível decente de vida. Acabei encontrando um conhecido num bar. Ele ofereceu-me um trabalho enquanto uma de suas colegas estivesse em licença-maternidade. Depois, ele conseguiu um grande cliente na área de gestão de ativos e comecei a trabalhar (em tempo integral) no dia seguinte.

Comentei com Jennifer que não custara muito para ela deixar de lado seu plano de trabalhar como *freelancer* (bem, custara uns dois drinques!), mas, de seu ponto de vista, como veio uma oportunidade em sua direção, ela, como sempre, estava acessível a ela:

O trabalho era de assessoria para corporações e organizações quase governamentais (a Comissão de Concorrência, por exemplo), aconselhando-as sobre seu relacionamento junto aos meios de comunicação e aos investidores. A pessoa que me indicou pôde ver que, embora eu não soubesse nada sobre negócios (ou relacionamento com a mídia), eu poderia aprender. Alguns dos diretores para quem dei consultoria sabiam muito mais sobre relações públicas do que eu. Em teoria, era apenas uma substituição daquela licença-maternidade de quatro meses, e eles dividiram o trabalho que cabia a mim. No entanto, a empresa ficou maior e precisava de alguém mais do que esses quatro meses. Era outra oportunidade e eu pensei "por que não?".

Meu marido costuma dizer que ele percebe uma confiança inata nos americanos. Ele diz que percebe uma crença de que os americanos podem ser qualquer coisa que quiserem, se tentarem. Pode ser verdade. Mas com esse trabalho eu pude perceber que já havia feito antes algumas coisas que um relações públicas faz. Eu havia vendido manuscritos e sabia que poderia vender uma história. Não possuía absolutamente nenhum tipo de formação em gestão de pessoas – mas parecia que poucas pessoas estavam saindo da empresa! Aqueles assuntos financeiros também representavam algo completamente novo para mim, mas isso era naturalmente excitante. O maior desafio tem sido não perder a coragem ao mirar o despenhadeiro naquela "curva de aprendizagem".

Já faz quase nove anos, e Jennifer continua trabalhando para a mesma empresa:

> Eu era encarregada de desenvolver o negócio (e de conquistar e manter clientes e empregados) em Joanesburgo. Ao longo dos últimos oito anos, nós crescemos de um faturamento de 140 mil rands* por mês, com oito empregados, para mais de 1 milhão e 500 mil rands por mês, com 27 funcionários. Eu fico exausta apenas digitando isso. Descobri que minha carreira em ziguezague acabou contribuindo para meu sucesso. O Capitólio ensinou-me a respeitar, mas não a temer, o poder – então eu sou capaz de aconselhar devidamente os diretores. Vender um livro com 80 mil palavras ajudou-me a "vender" uma história de 700 palavras para um repórter. E toda aquela leitura, espero, contribui para eu poder formar uma frase decente na preparação dos comunicados para a imprensa ou dos editoriais. Enquanto eu aprendia sobre a gestão de pessoas no local de trabalho (como faço na maioria das vezes), imagino que a empatia que adquiri ao ler tantos ro-

---

* O rand é a moeda da África do Sul. Cotação em janeiro de 2009: 1 rand = 0,22 reais. (N.T.)

mances permitiu-me abordar com sucesso a maioria das pessoas, de forma que eu pudesse cativar, pedir e demonstrar em vez de instruir e exigir.

Em um dia em que as coisas correm bem, eu adoro descobrir que posso confiar em meu juízo e em meus instintos. Isso é engraçado por causa das pessoas com quem interajo e ajuda a manter um senso de ironia. Todos os dias são muito gratificantes por eu aprender com as lições, os desafios – até mesmo com aqueles momentos irritantes e tensos. Já, nos dias ruins, eu acho que preciso me aposentar, porque tanto estresse não faz bem a ninguém!

Mas o que dizer sobre todos aqueles livros que ela não teve tempo de ler? Existe algum arrependimento?

Nenhum. Em nenhuma das minhas três profissões um dia era igual ao outro. Todos envolviam leitura, reflexão e aconselhamento (eu acho que todo mundo gosta de ser pago para ter uma opinião!) e todos eles permitiram-me conhecer pessoas fascinantes. A África do Sul é um lugar incrível, é como os Estados Unidos nos anos 1950. O empreendedorismo é uma maneira de fugir da pobreza. Todo mundo está por trás disso e existe apoio moral para as pessoas que estão tentando obter sucesso. Se você tiver energia e ideia, aqui é possível fazer-se qualquer coisa. As pessoas irão apostar em você. Sinto-me privilegiada em dar consultoria para pessoas inteligentes a respeito do negócio delas. Sou exposta a cérebros espantosos. Meu trabalho abrange advocacia e política, além de coisas como denunciar o mau uso da legislação. Tive um dia muito bom ontem, quando contribuí para expor uma fraude e o comércio anticompetitivo entre fabricantes de pão. O pão é uma mercadoria muito importante por aqui. Isso que aconteceu está em todos os noticiários de hoje. Durmo melhor quando algo assim acontece. Quanto aos livros, bem, sim, alguém me disse algo deprimente não faz muito tempo, disse que eu levaria 15 anos para ler todos os *títulos* de livros que eu separei para ler!

Jennifer pretende aposentar-se aos 50 anos. "O que isso significa?", perguntei. Esse plano está se concretizando. Eles compraram alguns terrenos três anos atrás, antes que os preços subissem, e agora possuem uma pequena casa de campo. Então, eles mantêm esse plano como segunda opção. Atualmente, estão focados em construir uma casa com uma horta naqueles terrenos, e Jennifer pretende ler todos os livros que ainda não teve tempo. O marido, Tim, acabou de tornar-se *freelancer*, o que lhe deu um pouco mais de flexibilidade. Mas tanto Jennifer quanto eu concordamos que provavelmente ela nunca irá se aposentar. É bem capaz que alguém vá oferecer-lhe algo para o qual estará aberta e que lhe será totalmente gratificante.

Será que Jennifer teve muita sorte na vida? Eu acho que ela é um ótimo exemplo de pessoa que não nasceu com sorte, mas que criou seu próprio destino e suas oportunidades. É bastante claro que ela é atraente, positiva e amigável. Por causa disso, as pessoas são por ela atraídas e desejam a ela associar-se.

Se houvesse uma possibilidade de escolha, quem você iria preferir colocar ao seu lado? A pessoa que é competente, divertida e aberta a sugestões? Ou a pessoa competente, negativa e aborrecida?

Eu acho que Jennifer prova que é possível criar suas próprias oportunidades. Se você for uma pessoa magnética, todo mundo vai querer se aproximar. Você é assim, do tipo que as pessoas querem trabalhar junto? Jennifer não sabia direito para onde estava indo ou o que queria, mas estava aberta às mudanças. Caso você não saiba o que deseja fazer, tornar-se aberto às mudanças é um bom começo. Isso pode levá-lo a qualquer lugar.

OS CONSELHOS DE JENNIFER

1. Para qualquer pessoa que esteja sentindo-se presa na rotina, ou na armadilha do trabalho errado, é bom estar ciente das possíveis portas que estão se abrindo – mesmo que seja apenas uma fresta. Se você puder correr algum risco financeiro ou emocional, dê um passo adiante.

2. É muito mais provável que você se lamente por não ter corrido o risco do que por tê-lo feito (embora esse mesmo instinto também possa dizer-lhe se uma oportunidade que está sendo oferecida ainda não é a melhor para você).

DICA NOTA DEZ
O que é mais lamentável: 15 anos infeliz num emprego e sem nunca tentar fazer uma mudança, ou ter tentado, mesmo que tenha sido um movimento errado e que precise ser corrigido?

CONTAGEM REGRESSIVA PARA SEU EMPREGO DOS SONHOS
Aconselhamento de carreira por Carole Ann

Agora, você poderia estar à beira de uma nova e maravilhosa vida. Com todos os seus pensamentos conflitantes, esse pode ser um lugar assustador. Olhando para trás, revisando as histórias gloriosas deste livro e as pessoas por trás delas, você poderá ver que essas pessoas não são super-humanas, nem possuem poderes extraordinários que transformaram a jornada delas em um passeio suave e sem problemas. Elas são pessoas comuns, como você, que ficaram preocupadas, perderam o sono e estiveram tão assustadas em fazer uma mudança, do mesmo jeito que você está hoje. Elas já ficaram paradas onde você está, à beira de uma magnífica nova vida, e em seguida respiraram profundamente e saltaram.

Vale a pena notar que existem dois fatores comuns entre nossos colaboradores, que são: a) eles desejaram não ter se preocupado tanto com o salto que dariam e b) eles desejaram ter feito a mudança mais cedo.

Será que você estará na mesma posição algum dia, olhando para trás e dizendo as mesmas coisas?

Agora, talvez seja o momento de se perguntar:

- Como eu posso parar de lutar contra o processo de ir em busca de meu trabalho dos sonhos?
- Como eu posso parar de fazer o que não está me ajudando?
- O que tenho medo de enfrentar?
- Como posso simplificar o que estou fazendo?

Seja paciente: arrume bastante tempo para si mesmo de forma a poder experimentar coisas novas e novas ideias para trabalhar. Você tem sido corajoso e já percorreu boa parte do caminho. Agora chegou à etapa final.

PLANO DE AÇÃO DE CAROLE ANN

1. Esteja aberto a ofertas – pense "sim" e diga "sim" em vez de "não, obrigado". Mais tarde poderá pensar com calma se é capaz de fazer isso ou se é mesmo o que quer.

2. Se você não sabe o que quer fazer, como Jennifer, esteja aberto às mudanças – elas podem levá-lo a qualquer lugar. Mesmo que seja para fazer algo para se divertir, em vez de ganhar dinheiro, pode ser um passo bastante útil.

3. Quando estiver se definindo em sua nova carreira, esteja preparado para ser o melhor que puder – conheça o assunto, acumule experiências, cumpra os prazos, seja confiável e certifique-se de dar um tempo a si mesmo para estabelecer-se no novo lugar. Você não consegue saber de tudo imediatamente.

4. Não gaste dinheiro desnecessário com o aluguel de um local, nem com mobiliário, aparelhos ou cartões de visita. Um espaço mínimo, um computador e um telefone são tudo de que precisa no início.

5. Quando você fizer a ruptura, conte ao mundo, organize uma festa e dê tapinhas nas costas das pessoas. Você merece todos os elogios e aplausos que puder conseguir. Nunca, jamais, se esqueça de como você foi corajoso.

6. Dê a si mesmo pelo menos um ano para se acostumar ao novo caminho. O telefone não toca no segundo seguinte em que seu site foi ao ar, e o fluxo criativo pode não jorrar imediatamente depois que você fechou as portas de sua antiga carreira. Seja gentil consigo mesmo e prepare-se para uma curva de aprendizagem.

7. Haverá altos e baixos. Não existe nenhum padrão predeterminado para a vida, mas não desista imediatamente. Seja realista.

CAPÍTULO 10
A DESCOBERTA DO EMPREGO DOS SONHOS

*A única forma de desfrutar a vida é
fazer aquilo pelo qual você é apaixonado.*

Clarissa Dickson Wright[13]

CAPÍTULO 10

A DESCOBERTA
DO EMPREGO
DOS SONHOS

Estamos quase no final do livro e talvez chegando ao fim da jornada que você percorreu na tentativa de encontrar seu trabalho dos sonhos. Pelo menos, demos um passo significativo e estamos mais perto de descobrir como chegar até lá.

Em um nível mais fundamental, você pode ter criado um vínculo com a possibilidade de que estamos aqui para cumprir um propósito, que seria viver a vida de uma forma mais útil, realizada e gratificante. Será nesse papel que você deveria viver e trabalhar, de acordo com seus valores e usando o melhor de sua capacidade única de transformar cada dia em algo significativo.

De forma alguma passar anos odiando cada dia de trabalho – literalmente matando o tempo enquanto se desperdiça saúde e juventude ao fazer algo do qual se guarda rancor – é uma boa maneira para se viver.

Alguns de vocês podem estar bem adiantados no caminho, agindo, fazendo planos, concebendo estratégias e, talvez pela primeira vez, enxergando concretamente para onde ir. É um vislumbre de uma nova vida para a qual você deve correr com todo o seu coração.

Se você já estiver sentindo-se bem e fazendo o que ama, aqui estão algumas dicas para mantê-lo concentrado e atuando perfeitamente em seu admirável mundo novo.

Depois que encontrar seu trabalho dos sonhos, como você pode garantir que não perderá a paixão por ele?

Se as coisas começarem a ficar um pouco monótonas e rotineiras, é muito importante reconhecer que, tal como em qualquer relacionamento, sempre haverá um dia difícil ou problemático, dias chuvosos, dias aborrecidos – assim é a vida. Minha penúltima história é um exemplo de como manter o ritmo, quando se está em busca de algo ambicionado a longo prazo.

ELA CONSEGUIU

Vicky
Idade: 49 anos
Era: *Solicitor**, no Reino Unido
Agora: Juíza, no Reino Unido
Chave do sucesso: fé, trabalho duro e conhecer seu objetivo
Paixões: trabalho estimulante, justiça social

    Vicky começou como advogada. Sua meta era tornar-se juíza distrital. Apesar de essa ser uma profissão tradicional, ela esforçou-se para inovar e introduzir alguma variedade em seu trabalho jurídico, e foi isso que garantiu que ela evoluísse e se desenvolvesse na área em que atuava.
    Ela estabeleceu para si mesma uma série de papéis que tornaram um trabalho de período integral interessante e gratificante. Manter uma série de diferentes responsabilidades é também uma excelente maneira de combinar os elementos dos quais gosta e minimizar o período de tempo em atividades que você não aprecia. Além disso, todos esses papéis foram escolhidos porque iriam ajudá-la a alcançar seu objetivo final e lhe permitiriam realizar o melhor trabalho possível quando atingisse sua meta.
    Aqui está a carteira de trabalhos que ela criou:

---

    * Na Inglaterra e em outros países da Comunidade Britânica, existe uma distinção entre *solicitors* e *barristers*. Os *solicitors* podem ser chamados de procuradores, e são advogados que só podem fazer o trabalho de aconselhamento. Os *barristers* são advogados que podem atuar nos tribunais. Na Inglaterra, *barristers* e *solicitors* atuam em equipe: o *solicitor* faz um primeiro contato com um cliente e, se o caso não puder ser resolvido sem processo, ele o transfere para um *barrister*. No Canadá, os advogados podem fazer as duas coisas, como nos EUA, onde o advogado é denominado *attorney*. (N.T.)

- Sócia em um escritório de advocacia.
- Juíza substituta (isto é, juíza num Tribunal da Corte, com um júri).
- Membro da Comissão de Liberdade Condicional para a Inglaterra e o País de Gales (que envolve reunir-se com prisioneiros que cumprem pena há muito tempo e decidir se e quando é adequada a sua liberação).

Vicky abriu o caminho e conseguiu sua promoção. Foi necessário bastante trabalho árduo, sem o aparecimento de muitos atalhos. Manter-se atualizada em relação às demandas de todos os diferentes papéis que realiza sempre foi seu maior desafio: "Embora essa quantidade de tarefas e exigências tenha assegurado que meu trabalho como um todo seja gratificante, as demandas eram muito grandes". Mas isso não apenas fez com que o trabalho fosse algo variado e interessante, como garantiu que ela pudesse continuar a ampliar suas competências e seus conhecimentos, na busca por seu objetivo final. Seja qual for a sua área de trabalho, essa é uma abordagem inteiramente sensata. Isso significa que Vicky mantém-se informada sobre todo o processo legal, desde uma condenação no tribunal até sua repercussão nos infratores presos.

Ela teve sorte porque sabia desde cedo que tinha vontade de ser juíza, e hoje ela adora acordar e perceber o que lhe espera:

> Os julgamentos são a parte mais difícil do trabalho, porém, para mim, a mais gratificante. É um trabalho complicado e de bastante responsabilidade. Como juíza, sempre estarei numa situação crítica, pronta para dar um passo e tomar decisões cruciais. Eu tenho de ter completo controle de todos os procedimentos. Só sinto que meu trabalho está realizado no final, quando a súmula já foi feita e eu já dei as instruções finais e essenciais ao júri, antes que eles se retirem para chegar ao veredicto.

Esse trabalho mentalmente desafiador era compensado por suas tarefas no escritório como sócia de uma firma de advogados. Foi lá que Vicky descobriu que poderia ter seus "dias de calmaria": "Os escritórios geralmente criam seus próprios microclimas", diz, "e você é trazida de volta para as coisas básicas através das trivialidades". Mas suas responsabilidades com os funcionários têm sido um elemento essencial desse trabalho. A formação de Vicky é diferente da maioria dos outros juízes porque ela não foi *barrister*. Vicky precisou fazer uma difícil transição para o direito penal. Mas, quando a oportunidade surgiu, ela demonstrou ter desenvoltura. Confrontada com o desafio de adquirir um conhecimento profundo de direito penal, a fim de conseguir a melhor chance possível para concorrer àquele emprego, ela contratou uma *personal trainer*.

Contratei essa pessoa para que viesse uma hora por semana, durante oito semanas, para ajudar-me na revisão do direito penal. O dia da entrevista chegou e, estando muito nervosa, cometi o erro de começar uma conversa com um candidato que estava ao meu lado. Ele tinha *20 anos* de experiência em direito penal! Fiquei mais nervosa ainda e perguntei-me por que, exatamente, eu estava colocando-me naquela situação.

Mas, naqueles poucos instantes, ela lembrou-se de um pequeno conselho que lhe sugeria contar à banca de examinadores como havia se preparado para a entrevista. Ela explicou que tinha estudado com uma *personal trainer*, algo que nunca havia sido feito antes e por isso foi bem recebido.

Mas não existem atalhos. Fiz tudo o que podia ter feito para aquela entrevista. Pedi conselhos por todos os lados. Mesmo na noite anterior, quando tudo o que eu queria fazer era relaxar, telefonei para pessoas que tinham mais conselhos a oferecer.

De acordo com um amigo de longa data, o sucesso de Vicky baseia-se em três coisas: extrema competência em lidar com pessoas, incrível tenacidade e uma forte ética no serviço público. Vicky, por outro lado, acha que seu sucesso deve-se à fé, ao trabalho duro e a conhecer seus objetivos. Ela descobriu que trabalhar como *solicitor* foi a parte mais difícil de sua carreira: "É um trabalho muito difícil. Você está sob enorme pressão e o foco não é tanto na legislação, mas está mais ligado à gestão de empresas, recursos humanos e relações públicas". Ela decidiu tornar-se sócia de uma grande firma de advocacia internacional, mas, por não valer a pena, desistiu da sociedade.

Vicky está firmemente convencida de que hoje em dia existem tantas maneiras para se ganhar a vida, que escolher o que você pretende fazer pode ser uma verdadeira opção. Mas seja o que for que prefira, uma vez estando lá, torna-se importante garantir que continue evoluindo e aprendendo, estabelecendo metas e fazendo tudo o que puder para atingir o máximo de sua competência. Estou muito feliz em dizer que ela cumpriu seu objetivo e que hoje é juíza.

OS CONSELHOS DE VICKY

1. Quando você estiver numa situação ou período ruim, lembre-se de que é temporário. Uma boa noite de sono é um ótimo ponto de partida para começar a sentir-se melhor.

2. Não basta sair do seu emprego. Comece a ranger os dentes – tire algum tempo de descanso se precisar – e procure definir o que deseja fazer para estabelecer os meios de chegar lá.

3. Não fique infeliz. Pense. Planeje.

DICA NOTA DEZ
"O que resiste, persiste."

Assim, essa é a história de alguém que montou uma carteira de trabalhos para manter uma variedade de planos de carreira de longo prazo, e que ao mesmo tempo escolheu funções específicas que lhe dariam as experiências vitais que necessitava para atingir seu grande objetivo, trabalhar como juíza distrital. Geoff também permaneceu no mesmo emprego durante muito tempo. Ele criou seu trabalho dos sonhos 15 anos atrás, e agora o ama tanto que não consegue largá-lo. Ele é o tipo de pessoa que realmente não consegue esperar a hora de ir trabalhar todos os dias e é viciado em seu trabalho. Ele transpira entusiasmo e paixão desde o primeiro instante em que começa a falar a respeito. Acho que a história dele vai servir-lhe bem, portanto ela será a última do livro.

ELE CONSEGUIU

Geoff
Idade: 36 anos
Era: estudante de gestão em artes e cultura no Reino Unido
Agora: Diretor do Festival de Comédia de Leicester, no Reino Unido
Chave do sucesso: criar um trabalho fazendo aquilo em que se é bom
Paixão: organização

Geoff era aluno da Universidade de Leicester e estudava gestão em artes e cultura. Inspirado pela crescente popularidade das comédias, a ideia de criar um festival de comédia surgiu como parte de um de seus projetos estudantis:

Eu tinha dois amigos que trabalhavam de vez em quando em comédias, então fiquei de telefonar para eles a fim de discutir o assunto. Não sei bem por que, mas comecei a ficar realmente animado com a ideia. Todo mundo foi viajar durante as férias de verão, mas eu fiquei trabalhando naquela ideia de um festival. E foi assim que tudo começou. Alguns de nós conseguimos patrocinadores e fomos alugar alguns lugares e preparar os números. O primeiro festival foi realizado no mês de fevereiro seguinte e teve uma plateia de 5 mil pessoas. O humorista Harry Hill fez um show para 25 pessoas. Agora, o festival ocorre todos os anos e atrai mais de 60 mil pessoas. É o mais antigo festival de comédia na Grã-Bretanha. Olha só, tantos anos depois da ideia original e eu ainda estou aqui!

Mas como ele conseguiu transformar um projeto estudantil em seu modo de subsistência?

Eu realmente gostei de organizar o festival. Em meu último ano na faculdade, eu só fazia isso e mais nada, e, como resultado, meu trabalho de conclusão de curso foi um desastre! Depois de formado, eu precisava decidir o que faria em seguida. Sabia que não pretendia voltar a trabalhar em Londres e não tinha realmente nenhuma outra coisa para fazer. E ali estava aquele festival em Leicester, ainda pequeno, mas que funcionou direitinho e foi realmente emocionante. Eu tinha aquele negócio bem na minha frente e pensei: "Bem, acho que vou fazer isso. Por que não?" Você não faria? Mesmo que eu não ganhasse um tostão, eu trabalharia nos bares à noite para arrumar dinheiro, mas acho que também não havia nenhuma outra escolha. Só me lembro de pensar que era aquilo que eu ia fazer, eu tocaria aquele festival.

Geoff diverte-se com toda a trabalheira e ama todas as exigências nos períodos que antecedem os festivais. Quando os telefones param de tocar ele se debate. Eu o conheci num café logo após o festival daquele ano ter-se encerrado. Ele foi imediatamente afável e carismático. Seu entusiasmo rapidamente se inflama quando ele começa a falar sobre o que faz e sobre todas as coisas que pretende fazer no ano seguinte e que aguarda com expectativa. Ele é claramente alguém que sente satisfação com os desafios de fazer as coisas acontecerem.

Mas eu acho que o verdadeiro talento de Geoff é saber quais são suas competências. Ele está bastante consciente do que gosta e do que o faz balançar. Fixou-se em um trabalho quando criou o que realmente o emociona – apesar de ofertas muito mais lucrativas que recebeu de outros festivais.

Na verdade, Geoff não tropeçou nessa linha de trabalho totalmente por acaso. Ele sempre teve uma ideia bastante clara sobre o que desejava fazer – organizar algo:

> Eu já sabia, desde os 12 anos, que eu queria ser organizador de eventos, embora não tenha certeza de que eu realmente soubesse o que aquilo queria dizer! Nós não fazíamos estágios na escola, mas disse ao meu professor que, tendo em vista que eu gostaria de obter uma melhor compreensão da indústria musical, precisava de experiência. Então eles deram-me uma semana fora da escola e fui trabalhar na A&M Records. Quando me formei no colégio, escrevi para uma gravadora. Não recebendo nenhuma resposta, telefonei. Eles aceitaram-me, mesmo sabendo que eu tinha apenas 18 anos e quase nenhuma experiência; quem me deu a chance foi um cara chamado Richard. Trabalhei para ele em Londres durante um ano com um grupo *pop* que tinha sua própria gravadora. Esse foi o primeiro grupo para quem fiz uma promoção. Richard tornou-se meu men-

tor e quem me inspirava. Aprendi muitas coisas sobre os negócios com ele. Algumas vezes, vejo-me fazendo coisas e pensando: "É assim que Richard faria".

Mentores como Richard são um fator muito preponderante para diversos de nossos entrevistados neste livro, por terem dado conselhos inestimáveis ou criado oportunidades de sobra com sólida experiência profissional. Geoff ganhou mais experiência por meio de seu projeto estudantil, e depois que se formou simplesmente decidiu continuar com isso. Ninguém fez essa oferta para ele; o festival não iria continuar a não ser que ele o dirigisse, levantasse o dinheiro e fizesse acontecer. Teria sido mais fácil, de certa forma, virar as costas para aquilo tudo, mas, como adorava fazê-lo, continuar no festival tinha mais sentido para ele:

> Quando você olha com distanciamento, é simplesmente bizarro. O que as pessoas pensavam eu não sei, mas eu e dois amigos apenas nos sentávamos em um quarto em Leicester e tocávamos o barco. A gente dizia: "É isso aí, vamos fazer o segundo festival em Leicester". Não tínhamos um centavo, mas depois de muito esforço conseguimos patrocínio – e de repente lá estávamos com uma grana razoável, o que foi muito emocionante e assustador. Tinha sido apenas um jogo até aquele ponto. Mas, de repente, tudo ficou muito sério.

Eu gosto dessa ideia de que tudo era apenas um jogo, que eles estavam se divertindo e seguindo uma paixão – sem realmente saber para onde aquilo tudo estava indo ou se poderiam cair fora no momento certo. Mas aquela pequena equipe de três pessoas tinha a dedicação e a determinação necessária para o sucesso, conseguindo realizar o segundo festival – que foi melhor do que o primeiro.

O ponto alto para Geoff são os dez dias do evento em si: "Eu adoro quando há um humorista no palco, o *layout* está certo, a plateia está lotada e tudo está funcionando. Fico extremamente orgulhoso do que fizemos. Nós temos pessoas que tiram uma semana de folga para vir ao festival. Temos pessoas que escrevem dizendo que aquilo é exatamente o que estavam procurando, que é a melhor coisa do mundo". Mas há os pontos baixos – e eu estava com Geoff durante um dos principais:

> Durante os preparativos que antecipam o festival, a quantidade de emails e telefonemas que você recebe é enorme. Todos nós estamos trabalhando em direção a uma meta, ela vai ter de acontecer. Mas no dia seguinte ninguém telefona, ninguém lhe manda um email sequer. Não há nada. E você ainda tem de seguir adiante, você precisa descobrir quantas pessoas vieram, organizar as finanças, ver as faturas e todas aquelas coisas chatas. Isso é muito difícil e é o período mais terrível durante semanas, depois de cada festival anual. Essa é uma indisposição muito comum que acomete todos os organizadores de festivais!

Geoff tem o trabalho dos sonhos. Mas ainda existem certas coisas que o chateiam. E Geoff as aceita como parte do ciclo dos festivais. É durante esse período difícil, quando ainda está-se recompondo dos altos e baixos do festival, que Geoff participa de uma reunião anual em que negocia o dinheiro para o próximo ano. Há muita coisa em jogo. Se ele não conseguir o financiamento, não haverá festival e seus colegas e ele estarão sem emprego. Apesar de ter acabado de realizar um festival ainda melhor e maior do que os anteriores, ele tem de começar do zero e convencer cada uma das pessoas naquela sala de que vale a pena continuar. E todos os anos, as pessoas dizem que isso não vai acontecer:

Houve um mês de outubro que não tínhamos nenhum dinheiro. Eu sempre soube que nós conseguiríamos, só não tinha certeza como. O festival é realmente algo bom. Você não pode deixar de fazê-lo, porque é bom demais. É como se você trapaceasse se não o fizesse. Tínhamos reuniões até as três horas da manhã checando os extratos bancários, que soletravam com todas as letras que não poderíamos pagar os custos. E eu lá, pensando que nós tínhamos de conseguir, e todo mundo em torno de mim dizendo: "Você não vai conseguir". Eu não sei como a gente fez, mas bolamos um jeito e sempre organizamos o festival anual desde que começamos. Não acredito que muitos festivais independentes tenham sobrevivido desde 1994. Isso é muito incomum.

A determinação de continuar em frente fica bastante clara em Geoff desde o momento em que ele começa a falar. Ele é otimista e já está fazendo os planos para o festival do ano seguinte. Ele adora juntar os pedaços de sua narrativa e nunca pensou em como e por que chegou até aqui. É bastante visível que não teve nenhuma estratégia de longo prazo – ele apenas seguiu um caminho em direção àquilo de que gostava e fazia corretamente. E até o momento parece bastante viciado no festival, convencido de que ele deve acontecer todos os anos.

Será que Geoff tem um emprego para a vida toda ou será que ele mudará de carreira algum dia? É possível pensar que Geoff anteveja ficar preso numa rotina que ele próprio criou?

Alguém disse um dia que diretores de festivais largam tudo depois de dois ou três anos porque ficam cansados e aborrecidos. Esse fato pode ser percebido pelo programa, que se torna repetitivo e o *marketing* fica monótono e chato. Mas tenho me envolvido com esse festival de comédia por tanto tempo, desde que o montei e o fiz crescer, que nem sei se poderia abandoná-lo e ir fazer outra coisa. Seria algo muito difícil decidir em que ponto devo abrir mão do negócio. Já me ofereceram empregos realmente muito bons, por muito mais dinheiro que ganho aqui. Mas não aceitei nenhum. Sempre digo brincando que não sei fazer outra coisa. Mas acho mesmo que não saberia. No momento, não quero fazer nada diferente. Imagino que, em algum momento, a oportunidade de ganhar um bocado de dinheiro trabalhando só um pouquinho seria o mesmo que dizer que eu saí, mas até agora ninguém me ofereceu isso! E olhe, se a gente fizesse um festival que não fosse melhor do que o do ano anterior, então eu pararia. Mas, até agora, tem sido melhor a cada ano. E, até este momento, realmente nem consigo me imaginar *desejando* estar em outro lugar ou fazendo outra coisa qualquer. E por que eu desejaria isso? Adoro isto aqui, de verdade.

Repetidas vezes, durante minhas pesquisas, aqueles que amam o que fazem falaram sobre a importância das pessoas com quem trabalham, pois um ambiente de trabalho feliz, com um conjunto harmonioso de coisas, é vital tanto para o empregador quanto para o empregado.

Assim, Geoff faz questão de apontar o que ele avalia como a equipe ideal, e essa é outra razão por que ele acha que tem o trabalho perfeito:

> Há seis pessoas na equipe em que trabalho e elas são realmente muito inspiradoras para mim, e o mesmo eles diriam a meu respeito (espero!). Nós somos pessoas muito parecidas. Eu tenho um absoluto respeito por nossa gerente, cujo trabalho jamais seria capaz de fazer, e ela diz a mesma coisa sobre mim e sobre minhas tarefas. Mas trabalhamos juntos, e o trabalho de um complementa o trabalho do outro, e acho que essa é a chave para conseguir-se a

equipe ideal. Imagino que seja a forma como abordamos as coisas. Todos nós vamos ao trabalho porque o consideramos muito bom de se fazer, não trabalhamos apenas para ganhar dinheiro. Não temos ninguém aqui que chega, faz seu trabalho, recebe seu salário e depois volta para casa.

Eu sinto que o trabalho de Geoff consegue criar uma emoção e um interesse tão grandes que nem mesmo umas férias num local caríssimo ou um carro de luxo conseguiria. Ele está acostumado a viver sem muito dinheiro e simplesmente não está preparado para abrir mão daquilo que ama por um emprego e um salário que ele está convencido que serão menos excitantes:

> Eu consigo extrair de meu trabalho tudo aquilo que quem se sente preso e aborrecido não consegue. Mas não tenho dinheiro. Quando tudo começou, eu tinha dinheiro para viver, mas não tinha nem férias nem carro. Então, fui trabalhar em alguns bares, mas isso tornou-se pesado demais. Teve um tempo em que trabalhei um pouco num tribunal em Leicestershire para uma autoridade local, e fiz isso em parte pelo dinheiro. Aos 25 anos eu estava cansado de não ter nenhuma grana, como qualquer um ficaria, mas nunca tive um emprego num escritório e não entendo as políticas de uma empresa. Não sei como é fazer o jogo de um emprego. Mas tem aquela coisa da segurança e da estrutura que atraem algumas pessoas. Minha companheira trabalha das nove às seis, com uma hora para o almoço, e gosta dessa rotina. Mas eu não consigo entender e nunca passei por isso. Consigo me ver fazendo o que eu faço até os 50 anos. O mesmo trabalho por boa parte de minha vida. Mas não pretendo fazer nenhuma outra coisa! Não quero ganhar 50 mil libras por ano sacrificando minha vida.

Minha família está feliz por eu estar fazendo algo de que gosto. E acho que eles aceitam o fato de que não vou nunca arrumar um emprego "decente". Isso é apenas o que eu faço. Meu pai preferia que eu tivesse um emprego mais apropriado. Minha mãe era enfermeira numa creche e meu pai era corretor de seguros. Um de meus irmãos é professor universitário e trabalha na Universidade de Leicestershire. Meu outro irmão trabalha para uma cooperativa habitacional.

Todas as pessoas com as quais conversei para os propósitos deste livro acabaram encontrando trabalhos que estimulavam seus pontos fortes. Quantas pessoas estão realmente fazendo algum trabalho ou estão em um emprego em que, como Geoff, executam aquilo que fazem melhor? Geoff, o organizador nato, programa cada dia de sua vida. Bem no centro daquilo que faz todos os dias está o que ele realmente gosta, o que ele faz de melhor e o deixa realmente envolvido.

Se um trabalho não se fia em suas capacidades e habilidades, ou entusiasmo, e não há nenhuma afinidade – não é muito difícil de imaginar que haverá uma tremenda batalha interna para gostar de fazê-lo, certo?

Geoff recrutou uma equipe de pessoas que possuem talentos que ele admira. Ele trabalha com pessoas que pensam do mesmo modo e compartilham do mesmo entusiasmo em fazer de cada festival uma experiência brilhante e memorável. Esse é outro fator comum entre as pessoas que gostam de seu trabalho – os colegas são entusiastas com ideias e pensamentos semelhantes, por isso são inspiradores. Geoff tem grandes ambições quanto ao festival, mais até do que em relação a si mesmo. E assim é sua equipe. O entusiasmo deles está no trabalho que estão executando. É isso que parece impulsionar seu sucesso, acima de qualquer ambição pessoal que se manifeste.

Geoff não consegue imaginar-se aprisionado a um emprego de que não gosta: "Por que ficaria?", pergunta ele. E quando lhe perguntei: "Qual seria seu conselho para alguém que se sente preso a uma rotina?", ele respondeu: "Como?". Ele nem mesmo entendeu a pergunta.

OS CONSELHOS DE GEOFF

1. Adquira experiência ao trabalhar.
2. Tire um dia de folga em seu emprego e aprenda o que alguém está fazendo num trabalho diferente.
3. Saia em busca de um ambiente de trabalho onde você possa encontrar pessoas com ideias semelhantes às suas e cujos valores se equiparem aos seus.
4. Tente fazer coisas diferentes até que descubra algo que o apaixone. Faça aquilo em que seja o melhor.

ENTÃO, EM CONCLUSÃO...

Quando se olha retrospectivamente, tudo parece muito óbvio, não é verdade? Mas todos nós já fizemos isso – trabalhamos em escritórios que detestamos e fazendo trabalhos que eram chatíssimos. Por qual razão nos prendemos a isso por tanto tempo, perguntamos depois, em nossa nova e luminosa vida? Quando não sabíamos para qual direção nos movimentar, nós procuramos, fizemos pesquisas e experimentamos ou ficamos lá entorpecidos e intimidados demais pelo tamanho da montanha que surgiu bem à nossa frente? Tão amedrontados que nem ousamos dar o primeiro passo da jornada?

Este livro é um testemunho daquelas pessoas que sobrepujaram o medo, um testemunho daqueles que ousaram perseguir os sonhos na crença de que deveria haver algo melhor. Todos os colaboradores deste livro são pessoas comuns, embora extraordinárias – algumas com o apoio da família ou de outras pessoas, e outras que fizeram tudo sozinhas. Todas se debateram e driblaram exigências financeiras e reações variadas de amigos e dos familiares. Nenhuma delas nasceu com sorte incomum. Cada uma criou seu próprio destino. Nós poderíamos ser uma delas.

O que essas histórias podem oferecer a alguém que esteja ansiando por mudanças? Quais as conclusões que podemos extrair delas?

Meu objetivo foi demonstrar como as coisas acontecem. Como você pode ampliar as chances de encontrar um trabalho, ou emprego, dos sonhos ao fazer contatos, ao conhecer pessoas e ao começar a competir em um mundo que antes parecia impossível de se entrar. Minhas histórias mostram que a mudança pode acontecer para um grande número de pessoas diferentes e de maneiras diferentes. As táticas, a escala de tempo, a quantidade de entrevistas de emprego, as rejeições e as ajudas que cada um teve foram diversas. Mas aqueles que foram em busca de mudanças as encontraram. E nenhum deles lamentou a decisão de fazer isso.

Alguns mostraram-se mais passivos, mas estavam abertos às possibilidades. Já outros procuraram ativamente por uma vocação. Durante o processo, o medo a que se agarraram alguns e que os paralisara por tanto tempo acabou desaparecendo. Eles andaram por aí, preocupando-se e esperando por uma "hora certa". Mas foi quase sempre a tacada "errada" que trouxe a informação mais útil. Mesmo aqueles que não tinham nenhuma ideia de para onde estavam se encaminhando (e muitos deles ainda continuam no processo de descoberta) sabiam que sair de determinado emprego era o certo a fazer, e não se arrependem de tê-lo feito.

A VERDADE SOBRE A MUDANÇA DE CARREIRA BEM-SUCEDIDA

- Se quiser mudar de carreira, existe um processo que pode levá-lo até onde deseja chegar.

- Todos os tipos de pessoas conseguem fazer mudanças bem-sucedidas.

- Você pode criar sua própria sorte e oportunidades.

- As portas se abrem para os que ousam tentar.

- As portas se abrem para pessoas energizadas e magnéticas.

- Mas elas também se abrem para pessoas tímidas, esperançosas e persistentes.

- Alguns se questionaram por que deixaram que tudo se arrastasse até o estágio de crise antes de fazer o primeiro movimento de mudança.

- Foi aterrorizante, mas não tanto quanto imaginaram.

- Mesmo as menores mudanças trazem novas perspectivas e informação.

- A investigação traz esperança, energia, novas perspectivas, abre portas e fornece novos caminhos, fechando outros.

- Tentar novas coisas permitiu que meus entrevistados aprendessem novas facetas sobre si mesmos – tanto sobre seus pontos fortes quanto sobre suas fraquezas.

- Muitos passaram pela fase do "não estou chegando a lugar algum". Interromper o conflito e passar a desfrutar do processo foi vital para continuar adiante.
- Sempre leva mais tempo do que se imagina.
- Nenhum deles lamentou ter tentado fazer a mudança. Apenas lamentaram não terem feito isso mais cedo.
- Em todos os casos, a mudança levou a algo melhor.

CONTAGEM REGRESSIVA PARA SEU EMPREGO DOS SONHOS
Aconselhamento de carreira por Carole Ann

ENTÃO, COMO GOSTARIA QUE FOSSE SEU LEGADO?

Cercado por seus bisnetos, você gostaria de dizer: "Oh, eu não fiz o que gostaria de fazer porque estava com muito medo de mudar, mas pelo menos paguei todas as prestações da hipoteca!" ou " Fui atrás de meus sonhos e vocês deviam fazer a mesma coisa"?

O que você gostaria que as pessoas dissessem sobre sua vida? O que gostaria de dizer sobre ela?

A vida passa num piscar de olhos. Para onde foram os últimos cinco anos? Será que você consegue lembrar-se do que fez e o que obteve nos últimos 1.825 dias? Se você chegou até aqui, tão longe neste livro, e ainda está sentindo-se farto, com inveja, fatigado, deprimido, sem energia e perdido, então faça desses sentimentos seu toque de despertar.

DEFINA SUA VISÃO

Este é o último treino em orientação profissional de nosso livro *Encontre o trabalho de seus sonhos*. É algo poderoso, excitante e revelador. Se você ainda não sabe o que está procurando, este exercício foi feito para você.

Trata-se de realmente permitir que você pense grande e ainda divirta-se fazendo isso. Seja o mais descritivo e o mais criativo que puder. Descreva sua visão num papel, procure imagens, fotos ou desenhos que consigam retratar essa visão e coloque-a em um lugar onde possa vê-la todos os dias. Deixe que isso o oriente e o inspire para que você entre em ação.

A ENTREVISTA PARA O GRANDE SONHO

Este cenário se passa daqui a cinco anos e um jornalista de seu jornal ou revista favorita veio fazer uma entrevista sobre algo que você realizou – em outras palavras, sobre os sucessos que alcançou.

O jornalista e sua equipe estão caminhando em direção de sua casa.

Como é sua casa?

Como é o jardim? Onde fica sua casa? De frente para o mar, com vista para o Sidney Harbour? Ou num apartamento cujos móveis tenham *design* de Philippe Starck*? Ou é uma casa de campo em Cotswolds**? Um estúdio em Barcelona? Um chalé de esqui? Descreva sua casa dos sonhos.

---

* Philippe Starck é designer e arquiteto francês dos mais renomados do mundo, projetando desde móveis até objetos como escovas de dente. (N.T.)

** A região de Cotswolds, conhecida como "O Coração da Inglaterra", tem algumas das paisagens mais belas do país. Várias de suas mansões foram transformadas em hotéis e pousadas de luxo, e outras casas antigas em hospedarias mais modestas. A região tem aldeias encantadoras, cidades históricas, igrejas magníficas, uma paisagem que se estende em suaves colinas e jardins deslumbrantes. Os edifícios de pedra de Cotswolds são conhecidos em todo o mundo, bem como os seus muros de pedra que cobrem mais de 6 mil km. (N.T.)

Você abre a porta da frente. Como é sua aparência? Esguia, saudável, elegante, relaxada? O que você está vestindo ou usando? Caxemira, jeans, um traje de passeio, roupas de ginástica, diamantes? Seja rico nos detalhes. Descreva o interior da casa – o que o jornalista vê? Pense grande e adicione cheiros, sons, cores, texturas, iluminação, janelas. Seja tão criativo quanto quiser – esse é o seu sonho, o seu olho da mente, então permita-se "viajar". Há orquídeas em um vaso? Você pode sentir o aroma de café fresco? É hora de uma taça de champanhe?

Há outras pessoas na casa? Caseiro, babá, secretária, parceiro(a), filhos, hóspedes, parentes, animais domésticos? Você tem um escritório? O que há nele? Equipamentos de última geração ou ele é mais do estilo tradicional?

Existem alguns sons que se podem ouvir? Aves, cavalos, o murmúrio da cidade, o mar? Mergulhe no sonho. Tem alguém tocando piano em algum lugar? Aquela é sua mais recente entrevista passando na tevê de plasma? O jornalista vai observar tudo isso e acrescentar na entrevista para dar um colorido especial à reportagem.

Você tem algumas outras casas? Onde elas se localizam? Como é que essa casa reflete a pessoa que você se tornou?

Agora, preste atenção.

O jornalista pede-lhe que dê uma dica a seus leitores, para aqueles que se sintam hoje por baixo, confusos e fartos da vida profissional atual e não sabem que direção seguir – exatamente como você estava há cinco anos. O que você diria? Escreva em suas anotações, de forma vívida e intensa.

Esse é o conselho que seu eu interior mais elevado (a pessoa que você é quando o medo não está no controle e o seu verdadeiro brilho floresce) está lhe dando hoje, para fazê-lo chegar lá! Você pretende segui-lo?

Faça de tudo para realmente desfrutar dessa tarefa – é o seu sonho, você pode torná-lo tão maravilhoso quanto for possível, tão abundante, original e extraordinário quanto quiser. Sinta seu coração pular, veja-o disparar e, só por agora, não pergunte "como?".

Boa sorte, e que o primeiro passo possa ser dado hoje.

NOTAS

Capítulo 1: A rotina
(1) *The Observer*, "The 50 Men who understand Women", 11 de fevereiro de 2007.
(2) *Daily Mirror*, relatando uma pesquisa de Learn Direct, organização sem fins lucrativos sobre carreiras e capacidades profissionais, 30 de agosto de 2007.
(3) Alex Jones, "About Time for Change", Work Foundation, 2003, citado em *Willing Slaves* de Madeleine Bunting, junho de 2004, p. 28.

Capítulo 2: A mudança mental para seu novo eu
(4) *Imagine: The Secret of Life*, BBC1, 19 de fevereiro de 2008.

Capítulo 3: Identifique e supere os obstáculos
(5) *J. K. Rowling: A Year in the Life – Putting Potter to Bed*, ITV, 30 de dezembro de 2007.
(6) Pesquisa YouGov com 2500 advogados em *The Lawyer magazine*, 2 de julho de 2007.

Capítulo 4: O que é que você quer? Quais são seus valores?
(7) Stanford Report, 12 de junho de 2005.

Capítulo 5: Ação é tudo
(8) Lucy Cavendish, "The very colourful life of our fabric queen", *Evening Standard*, 16 de outubro de 2006.

Capítulo 6: Reflexão
(9) Citado por Tanya, no filme *Um toque de infidelidade*.

Capítulo 7: Reestruturação
(10) Lynn Barber, "Let him eat cake", *Observer*, 25 de maio de 2008.

Capítulo 8: Imersão
(11) Antoinette Odoi, "This the season to be thinking of a new job", *Observer*, 13 de janeiro de 2008.

Capítulo 9: Faça uma transição bem-sucedida
(12) *The Apprentice: You're Fired* (temporada 4, episódio 12), BBC2, 11 de junho de 2008.

Capítulo 10: A descoberta do emprego dos sonhos
(13) Tom Templeton, "Introducing... Thomasina Miers", *Observer*, 30 de outubro de 2005.

LEITURAS COMPLEMENTARES

Carmel McConnell, *Soultrader: Find purpose and you'll find success* (Pearson Education, 2002).

Christopher J. A. Smith, *Why Don't You Fly?: Back door to Beijing – by bicycle* (Pen Press, 2005). Veja também www.cycleuktochina.com, site em inglês.

Guy Browning, *Office Politics: How work really works* (Ebury Press, 2006).

Herminia Ibarra, *Working Identity: Unconventional strategies for reinventing your career* (Harvard Business School Press, 2003).

Martha Beck, *Finding Your Own North Star: How to claim the life you were meant to live* (Piatkus, 2001).

_____. *The Joy Diet: 10 steps to a happier life* (Piatkus, 2003).

Oliver James, *Affluenza* (Vermilion, 2007).

Po Bronson, *O que devo fazer da minha vida?* (Nova Fronteira, 2004).

Polly Toynbee, *Hard Work: Life in low-pay Britain* (Bloomsbury, 2003).

Tessa Souter, *Anything I Can Do… You Can Do Better: How to unlock your creative dreams and change your life* (Vermilion, 2006).

Tom Hodgkinson, *How to Be Idle* (Penguin, 2005).

_____. *How to Be Free* (Penguin, 2007).

AGRADECIMENTOS

Enormes agradecimentos a todos os que concordaram em contribuir com minha pesquisa e também a todos que ajudaram neste livro: Neil, Carole Ann, Andrew, Jenny King, Andy Milligan, Martin Liu, John Simmons, Pom Somkabcharti, David Chapman, Paul Forty, Trudie Treasure, Dawn, Elaine e todos do Carry On Club.

Este livro foi impresso pela Prol Editora Gráfica
para a Editora Prumo Ltda.